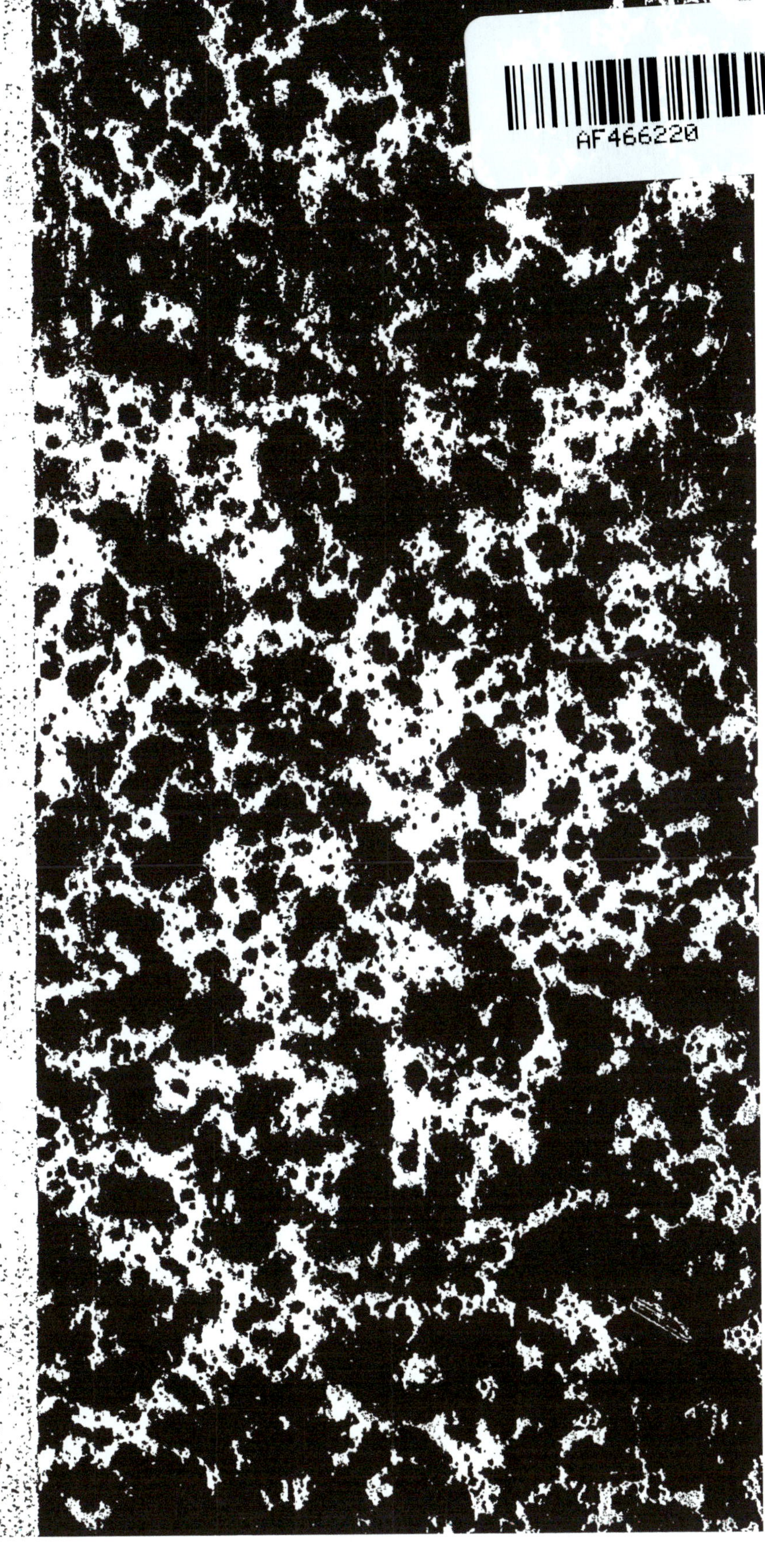

ÉCOLES MATERNELLES ET ENFANTINES

L'Éducation de la petite Enfance

par

Mme JEANNE GIRARD
Inspectrice des Écoles maternelles

Librairie Armand Colin
5, rue de Mézières, Paris

L'Éducation de la petite Enfance

ÉCOLES MATERNELLES ET ENFANTINES

L'Éducation de la petite Enfance

par

Mme JEANNE GIRARD

Inspectrice des Écoles maternelles

Librairie Armand Colin

5, rue de Mézières, Paris

1908

AVERTISSEMENT

Ces pages que nous présentons aux éducateurs n'ont pas la prétention de constituer un traité de Pédagogie des Écoles maternelles. Elles sont le résultat d'observations faites au jour le jour sur les besoins de ces établissements, sur les obligations créées par la circulaire du 22 février 1905, sur les moyens matériels et moraux à mettre en jeu pour faire de l'École maternelle « l'école heureuse ».

Il n'y a donc pas à chercher dans cet ouvrage un ordre rigoureusement logique, ni à lui demander de répondre à toutes les questions qui intéressent les Écoles maternelles.

C'est un livre de bonne foi qui apporte modestement sa contribution à l'édifice pédagogique, avec l'espoir de faire un peu de bien.

JEANNE GIRARD.

Paris, mars 1908.

L'Éducation de la petite Enfance

CHAPITRE I

L'ÉCOLE HEUREUSE

Tu gagneras ton pain à la sueur de ton front. — L'enfant a droit au bonheur. — L'école en plein air. — La décoration fleurie des écoles maternelles. — Protection due à l'enfance.

Tu gagneras ton pain à la sueur de ton front.

C'est la parole de malédiction. L'homme n'a rien imaginé tout d'abord qui fût plus cruel que l'obligation de travailler : mourir de faim ou de froid, à moins d'épuiser ses forces pour avoir le pain quotidien, c'est-à-dire pour pouvoir vivre.

Depuis, les idées de liberté et de moralisation ont donné un autre sens à ce mot *travail*. Considéré pendant des siècles comme une peine humiliante, comme la plus grande misère humaine, il est devenu actuellement synonyme d'honneur, de liberté.

Il est pourtant des êtres humains, quels que soient les progrès faits pour adoucir l'existence du travailleur, qui ne connaîtront le travail que comme une obligation douloureuse.

Dans une chambre bien pauvre, ou dans la salle d'un hôpital, une femme a mis au monde un enfant. Pendant quelques jours seulement — et la vie sera longue — les bras maternels le berceront, car la mère pauvre n'a pas le temps d'être mère, dans la tendre acception du mot. « Maternité » peut vouloir dire pour elle aussi amour; mais le mot ne lui assure pas le droit aux douces câlineries, aux flâneries délicieuses de la mère qui n'a pas à travailler pour vivre.

A peine remise, il faut que la femme reprenne son travail, car « les petits ont faim », celui qui vient de naître comme ses aînés.

Et alors, pour ce tout petit, commence la triste odyssée. Par la pluie, par le brouillard, par le froid, on le portera à la crèche; et si bien qu'il y soit, le voilà enrégimenté : il dormira, boira, sera lavé, non pas parce qu'il a, à ce moment, lui, individu, besoin de boire ou de dormir, mais parce que ce sera la règle, l'heure où tout le monde doit dormir, boire, être lavé; sa personnalité n'existera pas; l'embryon qu'elle est ne saurait éclore car l'unité doit être sacrifiée à l'intérêt de la masse et, de plus, l'hygiène de la petite enfance a pour but de créer chez l'enfant des habitudes favorables à son développement physique pour en faire un animal bien portant; à l'éducation intellectuelle reviendra le soin de développer la personnalité morale.

Deux ans! C'est l'heure de « la maternelle ». Le marmot se tient sur ses jambes; il a acquis un *commencement de civilisation;* il sait que tout ne lui est pas permis; il est « propre » (toutes les mères, toutes les institutrices savent ce que ce mot veut dire ici). Mais il est encore si petit, si bébé, que bien des mamans pleurent en le laissant au seuil de l'école, où il sera désormais en contact avec des grands, — des grands de six ans! Et quand parmi ceux-ci, il ne se trouve ni frère, ni sœur, quelles inquiétudes! — Mais, l'institutrice sourit; elle se fait câline; et le baby plus confiant, — sa main crispée sur celle de l'institutrice, — contient ses sanglots; ou bien, la tête cachée dans son tablier, ne voulant rien voir, ni rien entendre, ni rien comprendre, le petit, ahuri, affolé, désespéré, pousse des cris quand sa mère s'éloigne.

La « maternelle » l'a recueilli pour que la rue ne le prenne pas; elle le gardera jusqu'à six ans; ensuite l'école primaire l'aura jusqu'à treize ans; à treize ans, l'apprentissage commencera.

En vérité! je demande à quel moment cet enfant aura été un enfant; à quel moment il aura eu le pouvoir de faire vivre ses forces d'expansion.

Je quittais dernièrement une de nos bonnes écoles maternelles d'un quartier pauvre, — dont cependant les murs de couleur sombre semblaient attrister la vie et la teinter de mélancolie. En traversant l'avenue des Champs-Élysées, je voyais des marmots pareils à ceux de l'école maternelle : même âge, même besoin de cris, de mouvement; mêmes allures bruyantes et hardies. Ma pensée se reportait sur ceux que j'avais laissés là-bas dans l'école sombre, appliqués à une page d'écriture. Et je me sentais l'âme angoissée! Pourquoi tant de joie et de liberté ici? et pourquoi tant de contrainte là-bas? Pourquoi ceux-ci ont-ils tout, et pourquoi les « miens » n'ont-ils rien?

Hélas! parce que c'est la vie, et que les uns, libérés pour toujours, vont à l'avenir gaîment, alors que les autres sont les forçats de la grande, de l'éternelle obligation du pain quotidien!

Eh bien! pour ces pauvres petits, il peut aussi y avoir des joies, des heures de liberté; il est possible, pendant trois ou quatre ans de leur existence, de leur faire une part de vie heureuse; et c'est à l'école maternelle que cela peut être réalisé. Seule, elle peut faire une trouée lumineuse dans la vie des pauvres; seule, elle peut les libérer momentanément du travail, de la discipline oppressive; cette vie peut être pour quelque temps joyeuse : elle doit l'être. Ce qui n'était pas encore possible à la crèche, ce qui ne l'est plus à l'école primaire, est réalisable à l'école maternelle.

L'école maternelle ne peut renoncer à la discipline générale, qui est nécessaire à cause du nombre; mais elle peut, comme les mères le font, sans soumettre l'enfant à un travail pénible, l'éduquer en le faisant jouer, lui former un caractère ouvert, plein de bonne humeur, bon pour les autres, parce qu'on aura été bon pour lui, heureux d'être, heureux de faire plaisir, exubérant de santé et de gaîté [1].

N'est-il pas irritant pour un enfant de ne jamais se détendre, — d'être à toute heure et en toute chose soumis à une règle, — de ne jamais faire librement ce qu'il est tenté de faire, ce qui est spontané dans l'être? Et ne croit-on pas que cette compression de l'enfant a une répercussion malfaisante sur le caractère et la vie de l'homme futur?

Oui : le rôle unique, le seul qui convienne à l'école maternelle, c'est un rôle éducatif avec le plus de liberté possible, avec des jeux qui maintiendront l'enfant dans son cadre à lui. Le jeu et le travail ont plus d'un point commun; le jeu, c'est l'effort accompli librement, celui qui *trempe*.

1. L'âge où l'enfant n'a pas de maître est celui où il apprend le plus et le plus vite. Que l'on compare le nombre d'idées acquises entre la naissance et l'âge de cinq à six ans avec celles qu'il acquiert dans les années suivantes : on sera étonné de cette précocité profonde. (EGGER, *Observations sur le développement de l'intelligence.*)

Grâce à l'école maternelle comprise ainsi, avec le concours intelligent et dévoué de nos institutrices, nous rendrons à nos pauvres petits « maternels » cette part de joie à laquelle tout être a droit, et nous rétablirons, dans la mesure de nos forces, l'égalité vers laquelle ils aspirent comme nous, — plus que nous, car ils sont perpétuellement en lisières, — et dont la violation est particulièrement douloureuse quand c'est le tout petit qui en souffre.

Cela sera parce que cela doit être ; cela doit être parce que cela est juste.

L'enfant a droit au bonheur.

On peut faire valoir, contre l'enseignement scolaire donné aux enfants avant cinq ans, des idées tirées du sentiment et de la raison [1].

Du sentiment. — Il faut que les enfants soient heureux; il est pitoyable que les enfants des pauvres soient condamnés, dès leur jeune âge, à la geôle, enfermés, de sept heures du matin à sept heures du soir, dans un lieu où ils ont « l'obligation d'être sages et de travailler », tandis que les enfants des gens riches s'épanouissent en liberté.

De la raison. — Fatiguer le cerveau trop tôt,

1. Voir l'*École maternelle*, du 1er juin 1905.

c'est l'anémier. Transformer l'école maternelle en école primaire, c'est rebuter l'enfant qui la fréquente et lui faire prendre l'école en dégoût; c'est lui enlever le bénéfice qu'il peut tirer en son temps, à son heure, d'une instruction qui lui est nécessaire, mais qui, donnée trop tôt, va à l'encontre du but qu'on se propose.

Nous savons tous quels sont les résultats produits par le certificat d'études. Les enfants sont bourrés de matières qu'ils n'ont pas eu le temps de digérer. Est-il utile que le gavage commence avant cinq ans? Non. A ces idées, d'ailleurs aujourd'hui courantes, depuis les pédagogues anglais, allemands, depuis Rousseau, depuis Mme Pape-Carpantier et les inspectrices générales qui président actuellement aux destinées des écoles maternelles, — on objecte : « Ces idées de raison et de sentiment peuvent tout aussi bien aider à soutenir une opinion contraire. » Et cela a une très grande apparence de vérité : en effet, il faut raisonnablement préparer les enfants à la vie le plus vite possible, parce qu'elle est difficile, et il faudra qu'ils gagnent leur pain; d'autre part, il faut qu'ils soient heureux : ils ne peuvent l'être sans travailler.

Posée ainsi, la question « de raison et de sentiment » pourrait donner lieu à une longue discussion.

Mais je veux seulement examiner deux éléments nouveaux : Droit et Devoir. Ils m'apportent leur appoint, et ils aideront peut-être à faire luire un peu de lumière.

J'extrais pour la première partie de cette étude — « le Droit », — ce passage de Vauchez : « La plus belle des attributions de l'État, c'est de protéger l'enfant contre l'adulte, le faible contre le fort... La famille a pour raison d'*élever* les enfants dans le sens large du mot, c'est-à-dire d'en faire des citoyens plus instruits, meilleurs et *plus heureux* que leurs devanciers. L'État doit donc intervenir contre les parents ignorants qui, ne comprenant pas l'intérêt de leurs enfants, manquent à leurs devoirs. »

Les enfants, tout simplement parce qu'ils sont des enfants, sont des êtres faibles, incapables de se défendre, livrés complètement à nous, comme le chien, le mouton ou tout animal domestiqué. Nous nous sommes arrogé sur lui des droits que la nature ne nous a pas donnés. Nous devons le soutenir et non l'opprimer; or, nous avons décidé qu'il serait sage, obéissant, qu'il ne parlerait qu'aux heures où nous le lui permettrions, qu'il ne bougerait que lorsque nous lui en donnerions l'autorisation; que nous ne calmerions sa faim, apaiserions sa soif, qu'aux moments jugés par nous opportuns; qu'il travaillerait aux heures où il veut jouer, qu'il lirait, qu'il écrirait comme père et mère, dès l'âge de quatre ans, même de trois ans.

Voilà ce qui est; car nous sommes — nous le croyons, du moins, — en possesion de la Vérité, et nous agissons ainsi dans son intérêt! nous le disons bien haut, nous voulons nous en persuader! en persuader les autres!

Et pourtant, sommes-nous bien sûrs d'être dans le vrai? Non. Je mets en fait que nous n'avons pas le droit de contraindre la nature de l'enfant à des efforts au-dessus de son âge.

Il veut jouer; je dis qu'il doit jouer. Il veut rire, donc son rire doit s'élever clair et joyeux. Il veut faire quelque chose, n'importe quoi. Si ce n'importe quoi n'est contraire ni à sa santé ni au bien-être de son voisin, de son camarade dans le cas où on l'a transformé en écolier, laissez-le faire. Vous n'avez pas le droit de le tenir courbé sur son livre; vous n'avez pas le droit de l'empêcher de respirer, de l'empêcher de se tenir comme il l'entend pour l'obliger à appliquer ses petits doigts malhabiles à tracer des lignes sur une feuille de papier, pour faire une belle page d'écriture. Je vous refuse absolument le droit de faire couler ses larmes, parce qu'il est incapable d'attention et qu'il ne s'attache pas aux belles choses qu'on lui raconte sur la morale ou l'histoire, alors qu'un conte bleu ferait bien mieux son affaire. La force primerait-elle donc encore le droit?

Et ceci dit, vous avez « *le devoir* », vous, éducateurs, vous à qui incombe le soin d'élever les enfants du peuple, vous qui, pour votre plus grand honneur, vous intéressez à eux, de faire descendre votre nature d'homme fait et arrivé à leur nature débutante et frêle. Vous avez *le devoir* de vous faire petits avec eux, de mesurer ce qu'est une intelligence, une force de quatre ans, de vous rendre compte des douces chimères qui peuvent et qui doivent hanter ces petits cerveaux, de les analyser, de les étudier de très près, de demeurer attentifs et craintifs devant l'évolution de leurs désirs, de leurs joies, de leurs peines.

Quand, au lieu de regarder les bébés d'une école maternelle comme de petits soldats qui doivent savoir s'aligner, marcher au pas, ne pas broncher, se « préparer à la vie » en étouffant en eux tout ce qui est la vie; — quand, dis-je, vous aurez essayé de changer de point de vue, que vous vous serez mis à genoux devant un seul de ces trop pâles petits miochons, que vous l'aurez isolé de la masse, laissé aller et venir à sa guise, quand vous l'aurez observé à fond, et qu'en conscience, en face de vous-même, vous vous serez demandé ce que peut être un cerveau de quarante-huit mois : — alors, croyez-moi, vous aurez des pitiés infinies pour cette très petite et très délicate chose, et vous direz avec J.-J. Rousseau :

« Que faut-il penser de cette éducation barbare qui sacrifie le présent à un avenir incertain, qui charge un enfant de chaînes de toutes espèces, et qui commence par le rendre misérable pour lui préparer au loin je ne sais quel prétendu bonheur dont il est à croire qu'il ne jouira jamais? »

C'est alors — mais alors seulement — que vous saurez votre devoir, que vous ne méconnaîtrez plus les droits de l'enfant à la liberté.

L'école en plein air.

Un auteur a écrit :

« Un renouveau d'hygiène sociale autorise tous les espoirs, et la propagande pour l'assainissement des villes, pour leur embellissement, ne se heurte plus à l'indifférence publique... ; un double effort doit être poursuivi, à la fois pour que tous les logements soient aérés et éclairés et pour que des espaces libres en grand nombre et de formes variées répondent aux nécessités de l'hygiène générale des villes... L'honorable rapporteur du Conseil municipal de Paris (1907), M. d'Andigné, s'efforce de réaliser dans la mesure du possible le rêve des hygiénistes et des pédagogues; il invite le préfet de la Seine à étudier les moyens les plus pratiques et les plus rapides pour créer et multiplier les terrains de jeux et de récréations... Aux États-Unis, c'est surtout pour les enfants, pour les adolescents, que des terrains de jeux sont installés à profusion, avec une prodigalité généreuse. Des philanthropes ne croient pas mal placer leurs bienfaits en dotant un quartier pauvre d'un parc de récréation pour les écoliers et ils ont le sentiment du service rendu à leurs concitoyens par cette contribution à l'éducation physique de la jeunesse... Quelle que soit la solution adoptée pour les terrains désaffectés de l'enceinte de Paris, une large part doit être faite... à l'hygiène...; pour élargir le débat et lui donner toute son ampleur, il convient d'examiner avec des vues d'ensemble les différentes combinaisons susceptibles de mettre à la disposition des écoles et des familles de nombreux petits jardins et préaux, où les enfants malingres aient la faculté de respirer, de jouer et de se fortifier... »

En lisant ces lignes, je pensais à une question qui m'a plus d'une fois préoccupée, parce que la solution en serait importante et qu'elle est difficile : c'est celle de la création de l'organe à substituer momentanément à l'école maternelle lorsque on est obligé de la fermer pour cause de maladie épidémique. En effet, qu'arrive-t-il? Des enfants sont atteints par la contagion; l'école est envahie par une épidémie de coqueluche, de varicelle, de croup — qui, hélas! cause quelquefois la mort d'un pauvre petit. Le médecin constate que le mal sévit dans l'école. Naturellement, on éloigne les malades. Si la crise est bénigne, il fait procéder à la désinfection de l'école, désinfection hâtive, insuffisante; car les classes, préaux, salles, etc., seront habités de nouveau dès le lendemain. En présence de cas graves, le médecin ordonne la fermeture de l'établissement pour plusieurs jours.

Et, dans cette nécessité, que vont devenir les petits qui fréquentaient l'école, qui n'avaient pas d'autre abri pendant les longues journés où ils sont seuls, les familles étant appelées au dehors, parfois bien loin, pour leur travail?

Ils seront recueillis par une voisine, par une amie; ils traîneront dans la rue, exposés à tous les dangers; ou bien, ils resteront dans une atmosphère malsaine au chevet du frère ou de la sœur alitée. Je ne recherche pas tous les cas qui peuvent se produire; ils ont tous des inconvénients. Comme l'école chaude, accueillante, leur manque, à ces pauvres petits! comme la soupe réconfortante va leur faire défaut[1]!

A mesure que je parcourais les lignes citées au

1. Quand sévit une épidémie dans une école, les médecins comme les administrateurs émettent deux théories très différentes qui se défendent également bien.

Ou fermer résolument l'école pendant dix, quinze jours ou plus, dès qu'il y a danger de contagion, afin que les enfants ne se contaminent pas les uns les autres.

Ou laisser l'école ouverte, quel que soit le danger de contagion, parce que les enfants dont les mères travaillent au dehors seraient obligés sans cela de rester enfermés dans des logements malsains où seraient livrés à la rue, à ses dangers, au froid, à l'humidité, qu'ils seraient privés de la chaleur de l'école et surtout de la nourriture de la cantine qui leur est absolument nécessaire puisqu'ils sont pauvres et que de ce fait on les mettrait en état d'infériorité physique, qu'on en ferait pour ains dire « des candidats » à la maladie régnante.

début de cet article, il me semblait que le problème se simplifiait, qu'il n'était plus insoluble, et que, sans pouvoir, comme M. d'Andigné, attirer l'attention M. le préfet de la Seine sur un projet qui vient de naître en mon esprit, il m'est au moins permis de souhaiter à mes chers petits des écoles maternelles, que quelqu'un s'empare de mon *projet chimère* pour en faire une réalité, car l'amour pour les tout petits sera de plus en plus la religion de l'humanité pensante.

Voici mon projet chimère dans toute sa simplicité.

L'école vient d'être fermée et les familles, habituellement consternées à cette nouvelle, apprennent que cependant les enfants *dont les parents peuvent fournir un certificat de travail hors du domicile*[1], seront reçus à l'école et gardés jusqu'au soir; qu'il leur suffira de les amener à une heure déterminée de la matinée.

Sans bien comprendre, les familles s'empressent d'obéir, et le lendemain, les enfants arrivent à la porte de l'école « fermée ». Mais devant l'école une grande voiture stationne, uniquement garnie de bancs, sur lesquels bientôt tout le petit monde est installé.

On se met en route en chantant, et l'on s'en va... vers l'idéal.

1. Certificat exigé, dans presque toutes les grandes villes, des mères de famille qui veulent que leurs enfants fréquentent l'école le jeudi.

L'idéal, c'est une maison d'école construite sur la zone des fortifications, transformée sur ce point en jardin.

C'est là que les chers petits viendront chaque jour sous la conduite d'une ou deux institutrices — les autres étant déchargées de service, — non pas travailler, pas même faire semblant; ils viendront y respirer du bon air pur, prendre de la santé et, suivant mon plus haut désir, y trouver « l'école heureuse ».

Voilà, mes chers petits déshérités, ce que je vous souhaite; c'est ce que d'autres, plus heureux que moi, vous donneront dans un temps plus ou moins proche, mais qui viendra, soyez-en sûrs : car la bonté se manifeste chaque jour plus enveloppante, plus chérissante, pour faire naître le bonheur dans vos cœurs, et sur vos lèvres les plus adorables sourires.

La décoration fleurie des écoles maternelles.

Dans les écoles maternelles, la décoration fleurie est non pas seulement une idée charmante, mais une nécessité.

Déjà des directrices d'écoles maternelles l'ont compris, et j'ai de temps à autre la satisfaction de voir tantôt un préau, tantôt une classe, garnis de plantes vertes.

Cela est bon et reposant; il semble que l'on

jouisse d'une atmosphère meilleure quand quelques fleurs retiennent le regard et enlèvent à la classe son aspect un peu morne, si triste quand on pense que ce sont de tout petits qui y sont enfermés, — alors qu'il leur faudrait le grand air et la liberté, — pauvres prisonniers, dès l'âge tendre, des exigences et des lois de notre société!

Aussi les bons esprits s'ingénient à rendre la cage moins morose, et souvent on arrive à des décorations vraiment artistiques, au grand profit de la gaîté et de la bonne humeur des enfants.

J'ai vu une décoration merveilleuse de roses roses qui ornaient un immense préau. Combien y en avait-il? quinze cents peut-être; elles couraient du haut en bas des murs, s'accrochant partout, aux agrès de gymnastique, aux poutres, aux cadres; elles formaient un ensemble plein de grâce. Il n'est pas possible que les enfants qui pénètrent dans ce préau n'en subissent pas le charme et la douce influence; ce dut être un émerveillement de conte de fées pour ceux qui y entrèrent pour la première fois au mois d'octobre, et les mères durent avoir moins de peine de quitter leurs petits en les laissant dans une école si bien parée et à l'aspect si attrayant.

J'ai dû malheureusement condamner les pauvres roses artificielles au nom de l'hygiène; cela m'a été pénible, parce que je privais les enfants de ce gracieux spectacle, et que j'affligeais le personnel qui avait si généreusement donné sa peine. Mais les roses eussent été bien vite recouvertes de poussière; et quand les feux seront allumés et que les enfants joueront par le mauvais temps dans le préau il peut y avoir danger d'incendie.

Seulement je serai bien heureuse de les voir de nouveau, ces roses momentanément exilées, quand le printemps fleurira les branches.

C'est une aumône d'harmonie et de beauté que la directrice et le personnel ont faite aux enfants, et l'exemple portera ses fruits.

Protection due à l'enfance.

Dans une circulaire du commencement de 1902, M. le Directeur de l'enseignement primaire de la Seine[1] recommandait que chaque enfant des

1. « Il importe, écrivait-il, de remédier aux dangers que peut présenter pour la santé des enfants l'usage des ardoises qui, passant de mains en mains, peuvent servir de véhicule à la contagion de maladies, de la tuberculose notamment. J'ai donc arrêté que, désormais, seuls les enfants âgés de quatre ans au plus recevront des ardoises, — que, d'autre part, les ardoises seront chaque jour, avant d'être remises aux enfants, plongées dans l'eau bouillante, — et enfin que, dans le courant de la journée, elles ne passeront pas de mains en mains, et que toutes les recommandations seront faites et surveillances exercées afin que les enfants ne contractent pas l'habitude, tout aussi fâcheuse au point de vue de la propreté que de l'hygiène, de cracher sur les ardoises et de les porter à leurs lèvres. Il y aura lieu en outre d'étudier s'il ne conviendrait pas de constituer pour chaque enfant une petite trousse contenant tous les objets dont il se sert en classe et qui resterait entre ses mains. »

écoles maternelles eût en sa possession une pochette (l'initiative de l'institutrice devait se donner carrière pour la confection de cette petite trousse) qui contiendrait : le livre si l'enfant en avait un, son cahier, son crayon et tout ce qui lui appartient en propre généralement.

Partout où elle a été appliquée, la mesure a produit d'excellents résultats ; et je sais nombre d'institutrices et de directrices qui veillent avec un soin digne d'éloges à ce que pas un enfant ne soit dépourvu de sa pochette.

En effet, — et tout d'abord, — l'existence de cette sorte de petit sac qui permet de resserrer à part les objets personnels de chaque enfant donne pleine satisfaction à l'hygiène qui est la question capitale à l'école maternelle.

S'il est vrai de dire que tout contact non autorisé par l'hygiène est dangereux pour les enfants, — cela devient une réalité aveuglante quand il s'agit d'objets que les enfants sont tentés de porter à leur bouche, le crayon, par exemple.

Le crayon est un agent de transmission de maladies au premier chef; et, bien qu'il paraisse puéril d'en énumérer les principales raisons, j'y insisterai, quitte à faire sourire ceux qui dénient les dangers de la contagion, ou qui s'en désintéressent quand il s'agit des autres ; mais qui, naturellement, le cas échéant, s'en préserveraient avec soin. Consentiraient-ils à fumer le cigare commencé par n'importe qui ou à boire dans un verre quelconque?

Ceux-là disent avec une conviction parfaitement jouée : « Si on craignait tellement les microbes, il faudrait renoncer à se donner la main ou à échanger de la monnaie. » Voilà qui peut paraître juste; et superficiellement quelques-uns se déclareront satisfaits de cette boutade. Eh bien! — il faut le dire, — cela est faux, attendu que le danger de contamination n'est pas le même pour l'adulte et l'enfant; la peau de l'enfant est en perpétuel état de réceptivité de la contagion; elle est un excellent terrain de culture pour tous les germes morbides. (M. le docteur Pinard.)

Et puis il ne faut jamais prendre à la légère le danger de la contagion de la tuberculose ou de telle autre maladie redoutable, — ce danger ne fût-il que dans la proportion d'un centième ou d'un millième, il existe ; donc il n'est permis à personne de l'ignorer, ni de s'en désintéresser, sous peine de manquer à la solidarité sociale. Il est des enfants qui meurent de ce dilettantisme ou de ces négligences. Est-ce assez dire pour convaincre les soi-disant incrédules?

Je reste, quant à moi, persuadée que toutes les bonnes institutrices, celles auxquelles les années ont donné l'expérience, obéissent à leur devoir, font des pochettes et tiennent à honneur que chacun des enfants en possède une. Et en satisfaisant à cette prescription, elles n'accomplissent pas seulement un acte de soumission à une décision réfléchie et salutaire de l'autorité supérieure, elles sont en outre pleinement dans leur rôle éducatif, — et il faut les en féliciter.

En effet, pour avoir une pochette, l'enfant a dû la confectionner; il a donc, à la première minute, la joie moralisatrice de *posséder* un objet fait par lui. Ensuite, on lui a fait don des objets qui doivent garnir cette pochette : nouvelle joie, mais comportant des responsabilités qui lui apparaissent peu à peu. Tout d'abord il n'a connu que la satisfaction d'avoir à lui tant de bibelots qui lui semblent d'un prix inestimable, et ce n'est pas sans un peu de respect qu'il les a maniés. Puis, par la force même des choses, l'habitude de la possession atténue le charme primitif, l'enfant fait moins attention à ce qu'il a : c'est alors que l'institutrice intervient; elle veille à ce que l'enveloppe aussi bien que le contenu reste propre, en bon état, que les objets ne s'égarent pas; d'où résultent des habitudes d'ordre, de soin, de propreté, qui ont une répercussion sur les idées de l'enfant.

Et ainsi se forme par mille choses bien humbles, bien modestes, mais d'une valeur morale incontestable, l'âme du tout petit : car rien n'est indifférent à l'école maternelle.

Et ainsi, pour en revenir au sujet qui nous intéresse, le crayon reste à son propriétaire, ce qui est capital quant à la sécurité.

Tous les enfants mettent, ou ils ont mis, ou ils mettront dans leur bouche ce crayon qu'on leur confie. Du moment que l'objet pourrait passer indifféremment d'un élève à un autre, il devient le « pelé », le « galeux », dont nous ne voulons pas.

Il est nuisible à l'institutrice aussi bien qu'à l'enfant. — Dernièrement, je faisais observer à une institutrice qu'elle avait mis machinalement dans sa bouche un crayon qu'un enfant venait de lui tendre, et qu'un instant avant il avait lui-même entre les dents : or, cet enfant avait de la gourme autour des lèvres!

Donc, que les institutrices, pour elles-mêmes et pour leurs élèves, craignent la contagion, qu'elles ne négligent aucune précaution, aucune mesure préventive. Quant à ceux qui ne croient pas au danger, qui en font fi, qu'ils prennent un crayon crasseux, bien marqué par les dents des enfants qui l'ont mis dans leur bouche, qu'ils l'emportent chez eux, qu'ils le remettent à un de leurs enfants, et qu'ils essaient de regarder stoïquement leur descendant sucer ce crayon. Ils ne le pourront pas!

Je ne demande pas d'autre preuve de leur dédaigneuse erreur.

Et pour le jugement à porter sur le fait, je les renvoie au si profond et si éloquent discours prononcé par M. Lavisse à l'ouverture du congrès d'*Hygiène sociale*.

CHAPITRE II

HYGIÈNE

Mouchoirs en papier : Inconvénients de ne pas se moucher. Essai. Dépense. L'œuvre sociale à tenter. Le progrès hygiénique. Application dans une école. Mouchoirs de linge du vestiaire. Pochons. Serviettes. Bonnes habitudes à prendre et à garder. — Les bains-douches à l'École maternelle. La propreté. Écoles de banlieue. Écoles parisiennes. Établissement d'une salle de bains-douches dans une école du XVIIIe arrondissement. Organisation. Le linge. Résultats. — La marche au pas et l'hygiène. — L'asphyxie. — Le sommeil.

Mouchoirs en papier.

Inconvénients de ne pas se moucher. — Au cours de mes inspections, j'ai été attristée par le spectacle, trop fréquent, d'enfants qui ne se mouchent pas.

Il y avait là, pour le personnel, un motif de répugnance qui pouvait lui faire détester l'école maternelle, ou tout au moins lui inspirer une véritable antipathie pour les enfants.

Ceci était un côté de la question; il y en avait un autre qui me préoccupait aussi.

L'enfant qui n'a pas de mouchoir et qui sait

qu'il sera réprimandé, fait, comme il le peut, disparaître le corps du délit;... bref, il l'absorbe, et l'estomac devient ainsi le réceptacle de véritables poisons, — de matières qui sont des véhicules de la tuberculose.

Il m'a paru urgent d'obvier à des inconvénients aussi graves, quoique de nature différente, pour le personnel et pour les enfants.

Essai des mouchoirs en papier. — J'écrivis donc au docteur Calmette, directeur de l'Institut Pasteur de Lille, qui a imaginé des *mouchoirs en papier*. Il me mit en rapport avec son fabricant et je tentai l'expérience dans deux écoles, avec l'autorisation de mon administration.

Voici comment je conseillai l'emploi dudit mouchoir :

Un enfant n'a pas de mouchoir, il a besoin de se moucher; on lui remet un mouchoir en papier; il s'en sert et le jette bien roulé dans un seau qui contient une solution antiseptique.

Les deux expériences poursuivies parallèlement ont abouti à des conclusions opposées.

Une directrice a conclu à l'adoption : elle ne voit dans le procédé que des avantages; il n'y a plus d'enfants sales; le personnel est satisfait; la femme de service fait volontiers le nettoyage du seau, en échange de quoi elle n'a plus la peine de laver les vieux mouchoirs ou les bouts de chiffons ramassés un peu partout, pour s'en servir en cas de besoin; les enfants prennent des habitudes de propreté qui seront salutaires à leur santé.

Dépense. — L'autre directrice objecta que la dépense serait élevée, que les enfants se dérangeraient au milieu des leçons pour demander un mouchoir (est-ce donc si grave, à l'école maternelle, d'interrompre une leçon?), qu'ils s'en amuseraient, — que les femmes de service déjà si chargées de besogne la verraient encore augmenter

Sans doute, la question de dépense n'est pas négligeable dans les écoles où la population est nombreuse, dans les villes qui ont beaucoup d'écoles. Les mouchoirs reviennent à un sou la douzaine; mais on pourrait les avoir à meilleur marché en en prenant beaucoup. Calcul fait, quelques douzaines suffiraient dans une école de 300 enfants.

Mais cette dépense, fût-elle importante, ne devrait pas être un obstacle, car la question a des conséquences à longue portée.

Et d'abord tous les enfants qui se serviraient de mouchoirs cesseraient d'être une cause possible d'infection pour eux-mêmes et pour leurs voisins.

L'œuvre sociale à tenter. — Si on obtenait des ressources suffisantes des municipalités ou des œuvres scolaires, pourquoi ne supprimerait-on pas le mouchoir de linge? C'est chose faite dans certaines crèches où on se sert de mouchoirs en papier dit « hygiénique ».

On a objecté qu'il n'y a déjà que trop tendance de la part des familles, dans certains milieux, à se décharger de tout soin des enfants et à compter sur l'école et les institutions auxiliaires pour assurer à ceux-ci non seulement les choses les plus nécessaires à la vie, mais encore un certain bien-être. On s'est demandé s'il faut contribuer à accentuer cette tendance, à la justifier, pour ainsi dire, en multipliant les cas dans lesquels l'école fait ce que la famille devrait faire ; — s'il ne faut pas plutôt essayer de réagir et dans ce but refuser certaines interventions, pour donner aux parents une plus sûre conscience de leurs devoirs.

Je dirai nettement non. Nous devons intervenir par esprit d'humanité et de solidarité chaque fois que nous en avons l'occasion et le moyen. Et c'est ici le cas. Il s'agit d'une œuvre sociale qui mérite la plus sérieuse attention.

Et comme tout se fait et se fera de plus en plus par l'école, il y aurait là un instrument sans égal pour créer une propagande formidable, par le fait, contre la tuberculose.

Et il est permis de compter qu'en ceci, comme pour les bains-douches et la propreté, on aurait raison peu à peu de la négligence des parents qui ne se préoccupent pas assez de l'hygiène et de la santé des enfants.

Le papier hygiénique. — Mais si on trouve que le mouchoir en papier est cher, il est un autre procédé très simple.

Il consiste tout simplement dans l'emploi du « papier hygiénique » vendu très bon marché dans les grands magasins de nouveautés et qui est employé dans les crèches comme mouchoir. Mlle Brès, inspectrice générale, l'a préconisé.

En voici une application.

Application dans une école. — Une directrice d'école maternelle vint au commencement de cette année scolaire m'entretenir de son école. Comme elle est de celles qui ont réalisé chez elles la question du débarbouillage des enfants avec des objets qui leur soient personnels, je lui demandai ce qu'elle penserait des « mouchoirs en papier »; elle voulut bien essayer de ceux que je lui confiai, le résultat fut négatif. Elle me dit que, dans l'impossibilité de se servir de papier, elle venait de faire le nécessaire pour se procurer de l'étoffe; elle la taillait en petits morceaux qui étaient ourlés avec soin; ces morceaux servaient de mouchoirs et elle les faisait blanchir chez elle, avec son linge.

Je m'empressai de la féliciter de son dévouement; mais je dus en même temps m'élever contre son système de blanchissage. Il a, en effet, l'inconvénient très grand, à mon avis, de lui faire courir le risque de contaminer son linge par celui d'enfants qui pourraient être gravement malades sans qu'elle s'en doute.

Je lui conseillai d'essayer du « papier hygiénique ». Au bout de quelque temps elle m'écrivait qu'elle en était enchantée.

« Le matin, à l'arrivée, dit-elle, j'exige le mouchoir en étoffe; mais il n'est pas rare qu'au milieu de la journée le bébé ne perde son petit chiffon et c'est alors que le mouchoir hygiénique est utile.

« A la rentrée du matin et du soir, avant de commencer le petit entretien, tous les enfants sortent le mouchoir. Ceux qui n'en ont pas ou qui l'ont égaré défilent alors devant l'institutrice qui leur remet un mouchoir hygiénique. Ils se mouchent, puis jettent dans un seau d'eau additionnée d'anodorine le mouchoir roulé en tampon.

« Grâce à cet exercice nous ne voyons plus nos jeunes bambins le nez malpropre, et ils perdent aussi la déplorable habitude de se moucher avec la manche ou avec le coin du tablier. »

Mouchoirs de linge du vestiaire. — Une autre directrice d'école maternelle, qui s'est occupée à plusieurs reprises du genre de mouchoirs qu'il convient d'adopter pour nos tout petits, indique un système qui lui donne de bons résultats. Voici ce qu'elle écrit :

« Dans mon vestiaire des pauvres que j'ai fondé il y a environ quinze ans, qui fonctionne très bien, qui même rend de grands services (il est entretenu par des mères de famille dans l'aisance, par mes maîtresses et par moi); dans ce vestiaire se trouve du linge de fil hors d'usage que je fais lessiver. Je taille dans ce linge des carrés qu'à nos heures de loisir nous ourlons et marquons E. M. : ce sont de jolis petits mouchoirs destinés aux déshérités.

« Le matin en faisant la visite de propreté, je distribue ces mouchoirs aux enfants qui n'en ont pas et je leur dis : « Vous montrerez ce mouchoir « à votre maman ; vous lui direz qui vous l'a donné « et pourquoi; et quand il sera sale, maman le « lavera et vous me le rapporterez propre pour « qu'il serve une autre fois : je vous en donnerai « un autre. »

« Il m'arrive aussi, quand les mères sont vraiment nécessiteuses, chargées d'une nombreuse famille, de prendre ces mouchoirs sales, de les donner à la femme de service qui les fait passer à une lessive spéciale, sécher à l'air et au soleil. Ils sont ensuite renfermés et servent ainsi toute l'année.

« Les enfants savent que ces mouchoirs sont pour eux, mais qu'ils doivent les soigner, les rendre, et certains petits délaissés sont heureux et fiers de posséder un joli petit mouchoir blanc « avec de belles lettres » et de le mettre dans leur poche.

« Voilà, conclut-elle, le procédé que j'emploie et il me réussit très bien. »

Pochons. — Ailleurs, dans le même ordre d'idées, une directrice imaginait ce qu'elle appelle les « pochons ».

Le règlement scolaire recommande aux instituteurs de veiller à ce que les élèves se présentent à l'école dans un état convenable de propreté, et leur enjoint de faire, à ce point de vue, une inspection minutieuse avant l'entrée en classe.

Malgré tous les conseils, malgré toutes les recommandations qui sont faites, il arrive tous les jours que des enfants viennent à l'école sans avoir été ni lavés, ni débarbouillés; et de petites frimousses qui seraient agréables à voir deviennent répugnantes par leur malpropreté. Souvent ces pauvres petits se sont habillés seuls : la maman, étant partie de très bonne heure à son travail, n'a pu s'occuper de la toilette de ses bébés. Ou bien ce sont des parents tout simplement négligents et peu soigneux qui ne prennent aucun souci de la *propreté indispensable* à chaque individu.

Quoi qu'il en soit, il faut que ces enfants soient nettoyés en arrivant à l'école.

Puis, il arrive que, dans le courant de la journée, les enfants se salissent; dans ce cas, encore, il faut laver et débarbouiller nos bébés.

Or, le débarbouillage, à l'École maternelle, a une importance considérable au point de vue hygiénique ; car le lavabo peut être la cause d'épidémies, en aidant à la propagation des maladies du jeune âge qui se communiquent très facilement par le contact.

Nous devons donc prendre toutes les précautions nécessaires afin de satisfaire aux règles de l'hygiène et éviter la contagion.

« J'ai longtemps cherché, dit la Directrice, un moyen hygiénique et peu coûteux à employer afin que le débarbouillage à l'École maternelle soit fait dans les meilleures conditions possibles.

« Il y a environ un an, j'ai fait un essai qui m'a paru satisfaisant.

« J'ai fabriqué des petits pochons en toile avec des échantillons qui me sont donnés, et de toutes petites serviettes à peine grandes comme un mouchoir de poche (ces deux objets ne servent qu'à la figure).

« Une douzaine de ces petits pochons et de ces petites serviettes sont accrochés au-dessus du lavabo.

« Lorsqu'il est nécessaire de nettoyer la figure d'un enfant, la femme de service décroche un pochon, le bébé met sa petite menotte dedans et il se frotte la figure, ensuite il s'essuie avec le petit carré de toile, et les deux sont mis immédiatement au linge sale pour passer à la lessive le jeudi suivant.

« Quant au lavage des mains, il se fait dans la

cuvette, à l'aide *du savon* quand cela est nécessaire, et nos bambins s'essuient avec un grand torchon qui est remplacé chaque fois qu'il en est besoin. »

Ce système de débarbouillage est certainement une mesure prophylactique ; et, de plus, il a l'avantage d'être peu coûteux, car son entretien est à peu près nul.

Serviettes. — Voici encore une tentative qui mérite de retenir l'attention.

Dans quelques écoles, chaque enfant apporte une serviette pour son usage personnel.

« Nous avons voulu, m'écrit une directrice, essayer ce moyen, et, bien qu'un peu incrédules sur le résultat de la tentative, nous nous sommes adressées aux parents des enfants qui déjeunent à l'école. Nous leur avons envoyé une lettre dans laquelle nous leur disions que, « dans l'intérêt même de leurs enfants et par mesure d'hygiène, pour éviter la propagation des maladies contagieuses, nous les priions de bien vouloir joindre à la serviette exigée pour le déjeuner un linge devant servir aux soins de propreté ». Nous ajoutions que ce linge, apporté le lundi matin, serait remis le samedi dans le panier de l'enfant. Le résultat obtenu fut inespéré ; le samedi soir nous avions remis vingt lettres, et le lundi matin nous avions vingt serviettes.

« Encouragées par la bonne volonté des parents,

nous avons continué notre petite campagne, et, aujourd'hui, presque tous les enfants qui déjeunent à l'école ont leur serviette de toilette. Il nous faut bien de temps à autre rappeler nos conventions à quelques mamans oublieuses, mais l'habitude est prise et le système fonctionne dans l'école pour le plus grand bien des enfants. »

Bonnes habitudes à prendre et à garder. — Tout cela peut paraître peu important. C'est sérieux au contraire. Pour les petits, tout a une répercussion sur la santé présente ou future, et ces choses sont d'un intérêt capital pour l'hygiène de nos enfants de la « maternelle ». Les succès réalisés dans les écoles où on les a voulus prouvent qu'on pourrait les obtenir partout. J'ai confiance qu'ils se généraliseront. Rien de ce qui se fera sous ce rapport ne doit nous être indifférent.

Les bains-douches à l'école maternelle.

La propreté. — J'écrivais en 1905 à la suite de mon passage dans une école de la banlieue de Paris :

« Voici une école merveilleusement belle; des classes spacieuses, d'une hauteur presque démesurée. Cependant au bout de quelques instants qu'on y est enfermé, on sent une odeur insupportable, nauséabonde, qui oblige à ouvrir fréquemment les fenêtres pour qu'on puisse respirer sans dégoût. Cela tient à ce que les enfants sont d'une saleté invraisemblable. Ils appartiennent à une population de chiffonniers, de misérables. L'eau manque. Le goût de la propreté est d'ailleurs inconnu dans ce milieu.

« Ces enfants-là, une génération plus tôt, auraient roulé tout le jour dans les ruisseaux ou sur la poussière des routes. Par un effort admirable, on leur a bâti un palais, on les y a appelés, et ils y sont venus.

« On va leur apprendre à s'occuper, à vivre en société, on va essayer de les rendre meilleurs, — par la parole et par les exemples.

« Est-ce cela seulement qu'il faut? Est-ce suffisant?

« Non; cet effort, si admirable soit-il, est insuffisant. Maintenant que ces enfants ne sont plus à la rue, maintenant que nous les lui avons repris, il faut les « élever » au sens noble du mot.

« Or, la première chose qu'il y aurait à faire, ce serait de les laver; de les laver, non pas de temps à autre, mais chaque jour, si possible, — et au minimum une fois la semaine, tout entiers. »

Cela a été tenté; quelques résultats sont acquis; le progrès, pour être lent, viendra.

Dans nos écoles, on devrait apprendre la propreté de manière qu'elle devînt pour chacun une nécessité, comme dans certains sanatoriums on apprend aux poitrinaires à respirer.

Écoles parisiennes. — Les écoles de Paris n'appelaient-elles pas quelques réflexions identiques, et mes conclusions ne leur étaient-elles pas aussi applicables? Assurément, au moins en partie. Il est certainement des écoles maternelles des quartiers populeux, des arrondissements de la périphérie, où les enfants pauvres ont besoin qu'on prenne vis-à-vis d'eux les soins que les mamans ignorantes, indifférentes, ou trop occupées, ne sauraient leur donner.

Comment donc mettre en pratique, ne fût-ce qu'à l'essai, l'idée des bains-douches à l'école maternelle, comme ils sont donnés à Bordeaux, comme on les a installés dans les lycées?

La tentative m'attirait. Je cherchai le moyen de la réaliser. Dans une belle école maternelle du XVIIIe arrondissement de Paris une salle de bains existait; mais, pour des raisons diverses, elle était inutilisée et commençait à se délabrer.

Salle de bains dans une école du XVIIIe arrondissement. — Il était question de la transformer en réfectoire pour les adjointes. On invoquait à ce sujet un rapport du médecin-inspecteur de cette école, déclarant que le service des bains-douches dans les écoles maternelles est d'une utilité très contestable, le personnel chargé d'assurer ce service ne sachant pas exactement dans quelles conditions de santé se trouvent les enfants, au moment où on les baigne, et pouvant par suite commettre de graves erreurs au point de vue de l'hygiène.

Le docteur faisait remarquer en outre que les malaises ou accidents pathologiques quelconques qui peuvent survenir chez les enfants après un bain pris à l'école, sont toujours mis par les parents sur le compte de cette mesure de propreté, et que la responsabilité du personnel scolaire est très lourde en cette question, car la moindre négligence dans le chauffage de la salle de douches et dans l'essuyage des enfants après le bain peut entraîner des suites graves pour leur santé.

Aménagement de bains-douches. — Le bain-douche réalisé. — Je procédai donc à une instruction approfondie. J'intéressai la directrice au projet, que l'administration de la Ville se montra vite disposée à accepter, et je ne saurais trop lui en être reconnaissante. Grâce au concours de bonnes volontés réunies, le rêve est entré dans l'ordre des faits accomplis.

Organisation. — Voici comment est comprise l'organisation, étant données la modicité de nos ressources et la volonté bien arrêtée que nous avions de ne pas faire appel pour l'exécution au personnel des écoles, déjà si chargé de services.

C'est une œuvre sociale, à côté de l'œuvre scolaire, proprement dite; rien ne sera imposé, tout sera bénévole et spontané.

Le samedi de chaque semaine les enfants nécessiteux, munis d'une autorisation écrite du père ou de la mère, se présentent à la salle de bains-douches.

La directrice, qui s'est dévouée à l'idée, assiste à l'opération.

Deux femmes rétribuées à part, et choisies comme il convient, sont spécialement affectées au service : l'une déshabille, l'autre douche, essuie et rhabille les petits, selon les instructions de la doctoresse de l'école qui a assisté aux premières séances de douches, pour en fixer les conditions et pour les régler au point de vue de l'hygiène et de tous les soins à prendre.

Le linge. — Une objection importante s'était présentée tout de suite à mon esprit. Il ne me paraissait pas possible, après le bain, de revêtir les enfants des chemises sales qu'on leur retirait en les déshabillant. Je n'étais pas non plus certaine que les familles nous enverraient du linge propre pour le petit enfant après qu'il aurait été douché.

Il fallait donc tourner la difficulté. Pour cela, il n'y avait qu'un moyen : fournir à ces enfants pauvres des chemises après chaque douche, et faire laver au dehors, chaque semaine, celles qu'ils quitteraient.

Je m'apprêtais donc à acheter le linge nécessaire, quand on me suggéra l'idée de m'adresser à Mme Scheffer, inspectrice de l'enseignement professionnel des jeunes filles, en vue d'obtenir que ses cours de coupe nous fournissent des chemises pour nos enfants pauvres.

C'est ce que je fis. Et Mme Scheffer, avec sa bonne grâce accoutumée, accorda le meilleur accueil à ma demande. Avec l'aide de Mme Tellier, elle m'a fait envoyer à l'école désignée, par les directrices d'écoles primaires qui nous prêtent volontiers leur concours, un stock considérable de petites chemises.

Résultats. — L'organisation a donné les meilleurs résultats. Avec des ressources que je dois à la générosité d'une bienfaitrice anonyme, j'ai pu acheter les objets nécessaires pour la mise en train, serviettes-éponges, bonnets, etc.

La douche dure quelques secondes; le bain de propreté est plus ou moins long, d'après le besoin plus ou moins marqué de savonnage.

« Pas une larme n'a été versée », dit la Directrice.

Deux bonnets en caoutchouc avaient été achetés, absolument hygiéniques par leur nature même; après chaque douche, ils étaient plongés dans l'eau chaude et essuyés; les têtes n'ont pas été mouillées.

Le premier jour, trente enfants ont été douchés et baignés dans l'espace de trois heures.

« Les parents sont dans le ravissement, dit encore la directrice, et la clientèle ne nous manquera pas. » Elle ne manque pas, en effet, à l'heure présente.

J'avais prévu que les enfants qui n'auraient pas de linge propre seraient dépouillés de leur chemise sale, et revêtus d'une chemise propre fournie sur nos ressources. Je suis heureuse de dire que la plupart des enfants avaient été changés dans leurs familles, et que nous n'avons eu à faire une avance de linge que dans quelques cas.

Et comme ce fait en dit long sur ce qu'on pourrait obtenir des familles, si on prenait maternellement la peine de les diriger! C'est de la simple hygiène que cela; encore faut-il la mettre sous les yeux des pères et des mères pour qu'ils en apprécient les bienfaits, en prennent le goût et l'habitude.

C'est de la simple éducation sociale aussi. Et en cette matière le bon exemple est, pour avoir prise sur les petits, ce qui importe tout d'abord. Une fois l'habitude acquise, le besoin viendra... et le reste par surcroît.

La marche au pas et l'hygiène.

Il s'est tenu à Breslau en 1904 un Congrès de naturalistes et de médecins, où le docteur Thalwitzer a dit son fait à la marche au pas, telle qu'on l'enseigne aux conscrits. Autant le pas gymnastique est excellent, autant le pas cadencé lui paraît funeste. Il est une violence faite à la nature, laquelle se venge par des moyens divers et nombreux. Sur 14 086 cas de tumeur du pied observés en 1900-1901, le Dr Thalwitzer en attribue 60 p. 100 à la marche au pas. Il faut encore lui imputer toutes sortes d'inflammations des articulations, et jusqu'à des rhumatismes articulaires.

Les reproches faits au pas militaire sont au nombre de deux : l'un est que la sole du pied, dans la reprise d'appui, doit frapper tout entière le sol ; dans le pas naturel, au contraire, l'homme se reçoit sur le talon. Mais surtout, dans le pas naturel, tout le corps, par un hanchement, contribue à conserver l'équilibre, que la marche, assimilable à une série de chutes à droite et à gauche, tend constamment à détruire. Le Dr Thalwitzer a donc demandé que la marche au pas soit supprimée au nom de la santé des conscrits [1].

Ne pourrait-on pas en dire autant de la marche rythmée à l'école maternelle, où les enfants marquent le pas toutes les fois qu'ils se mettent en mouvement?

Il s'élève alors du sol une poussière qui, pour n'être pas très visible, n'en est pas moins réelle ; elle enveloppe les petits, ils la respirent à pleine bouche, puisque la plupart du temps ils chantent en marchant. Et de cette poussière l'institutrice

1. *Les journaux*, septembre 1904.

prend sa large part. Et rien n'est plus mauvais pour une poitrine fatiguée[1].

Je sais tout le bien que l'on peut dire de la marche rythmée. Je sais que c'est une aide puissante pour la discipline des mouvements. Je sais enfin qu'elle flatte l'œil des maîtres par cette allure de rectitude et de bon ordre qui plaît tant. Mais elle est en réalité contraire à la vie. Dans la maison, dans la rue, on ne marche pas en marquant le pas, et je suis loin de croire que les mouvements faits dans l'école avec le pas cadencé donnent de la grâce à nos fillettes.

Est-ce qu'en frappant trop lourdement le sol, les organes intérieurs, si fragiles, de nos enfants ne sont pas ébranlés et mis en danger?

1. *Balayage hygiénique.* — Est-ce le balayage humide? Non, parce que la poussière arrosée forme une boue que le balai étale ensuite sur le parquet et amasse dans les intervalles des lames; la chaleur, l'humidité feront alors développer les fermentations, et cette boue se transformera, lorsqu'elle sera sèche, en une poussière beaucoup plus noire que la première.

Avec le balayage à la sciure de bois mouillée, il y a déjà progrès; mais la sciure est une matière absorbante et capable, à ce titre, de s'incorporer les éléments fermentescibles qui peuvent être contenus dans la poussière. Elle constituera, dans les rainures du parquet et dans les coins, autant de petits foyers d'infection.

C'est le balayage au sable blanc mouillé (le grès fin serait l'idéal) qui donne les résultats les plus satisfaisants. C'est un corps neutre qui n'entraîne pas seulement les poussières déposées sur le sol, mais, par son poids, est plus à même de détacher celles qui se trouvent collées sur le parquet. La dépense est minime, et les communes ne sauraient se soustraire à l'obligation d'approvisionner leurs écoles de sable blanc. (*Bulletin de Seine-et-Oise.*)

Ce qu'il y a de certain c'est qu'aucun avantage ne compensera l'inconvénient de la poussière que le pas cadencé soulève du sol, — que le bruit infernal des pas de 150 ou de 200 enfants dont les pieds frappent le sol, augmenté du bruit du claquoir, produit une impression désagréable et fatigante et qu'il ne prépare l'enfant ni à penser ni à réfléchir, — qu'il l'habitue à se plaire dans le bruit!

Je suis certaine que des chants bien mélodiques suffiraient pour accompagner les mouvements, la marche en file indienne, et je pense que le pas cadencé devrait être réservé aux heures de gymnastique.

Je sais des écoles où on a fait l'expérience que je demandais et où les mouvements s'exécutent très bien sans que les enfants marquent le pas.

Que chaque directrice essaye dans son école et nous dise les résultats qu'elle obtiendra. Nous pourrons alors nous former une opinion définitive. Mais à coup sûr, quelque inconvénient que présente la suppression de la marche rythmée, celle-ci est condamnée par l'hygiène, cela suffit; et si l'hygiène était envisagée comme il le faut, cette marche disparaîtrait de nos écoles.

L'asphyxie à l'école maternelle.

Les institutrices ne savent souvent pas assez qu'elles s'asphyxient à l'école maternelle, elles et leurs élèves.

Et cela, leur dirai-je, par le poêle de votre classe, dont la mauvaise marche diminue chaque jour un peu vos forces, vous anémie, vous congestionne le visage, vous rend le cerveau lourd et fatigué, et vous prédispose aux angines et aux maladies de poitrine.

Voici ce qui se passe dans la pratique.

Le poêle très souvent n'a pas d'eau dans le réservoir destiné à cet usage; c'est déjà malsain : le moins que vous en recueilliez, c'est un mal de tête ou un rhume.

La femme de service qui est pressée — c'est du moins elle qui le dit — bourre le matin le poêle jusqu'à la garde; quand le feu est bien pris, elle s'empresse de fermer la clé; de cette façon elle s'est débarrassée du travail qu'elle doit faire en plusieurs fois dans la journée. A moins de malchance, le poêle est garni et fermé de manière à se transformer en un poêle à combustion lente. Elle est tranquille. Mais, pour vous, pour les petits, c'est l'asphyxie!

Et vous ne dites rien, mesdames, vous ne protestez pas!

Cependant vous savez toutes ces choses, aussi bien que moi; mais par nonchalance, par crainte d'être désagréables à la femme de service, pour ne pas toujours réclamer, vous subissez une chose dangereuse contre laquelle non seulement votre droit, mais votre devoir est de protester.

Veillez à cela, à cause des enfants qui vivent dans la même atmosphère empoisonnée que vous, et qui, eux, n'auront probablement le soir qu'une pauvre chambre où l'air impur continuera l'œuvre de destruction physique.

Pensez à vous, pensez à eux!

Le sommeil.

Il résulte d'une enquête faite par une commission suédoise dans les écoles, que les enfants qui ne prennent pas la somme moyenne de sommeil ont 25 p. 100 de maladies en plus que les autres.

« La moyenne du sommeil nécessaire pour les enfants qui étudient est :

« Pour les enfants de 4 ans, 12 heures;

« Pour les enfants de 7 ans, 11 heures;

« Pour les enfants de 9 ans, 10 heures;

« Pour les enfants de 12 à 14 ans, de 9 à 10 heures.

« L'anémie, l'appauvrissement du sang, la faiblesse, sont dus souvent à un sommeil insuffisant. »

Sous aucun prétexte, un enfant qui dort ne doit être réveillé.

Souvent à la rentrée d'une heure, les enfants, par suite du travail de la digestion et de la fatigue de la récréation, sont pris d'un irrésistible sommeil. C'est pour eux que je préconise un horaire qui comporte de 1 h. 1/2 à 2 heures un conte de fées.

Ceux qui n'ont pas sommeil écoutent, tandis que les petits dorment, doucement bercés par la voix de leur institutrice, et peut-être aussi qu'un peu de la magie du conte vient les charmer dans leur rêve.

CHAPITRE III

ALIMENTATION

Les cantines scolaires. — Nécessité d'une bonne alimentation. — Son importance. — La nourriture doit être appropriée à l'âge. — Rôle des directrices. — Le « restaurant » des petits. — Une nappe de famille. — Le lait. — Institutrices et municipalités. — Le goûter : objections; un exemple. — Les sacrifices du Conseil municipal de Paris. — La surveillance du déjeuner; difficultés; remède. — La nurse : ce qu'elle serait à l'école maternelle. — Le menu des écoles maternelles du XIXe arrondissement.

I

Les cantines scolaires. — Nécessité d'une bonne alimentation.

« La première condition du succès dans le monde, c'est d'être un bon animal, et la première condition de la prospérité nationale, c'est que la nation soit formée de bons animaux. »

HERBERT SPENCER.

A l'école maternelle, où les enfants arrivent sachant à peine parler, peu solides sur leurs jambes, avant d'avoir le caractère formé, on constate souvent que si, parmi ces petits êtres qu'on aime à voir tout sourire et toute grâce, il en est de gais, d'enjoués, d'affectueux, d'autres se montrent difficiles, grognons, pleurnicheurs; il y en a même de méchants.

Il arrive aussi que tel enfant qui se montre charmant un jour n'est pas supportable le lendemain; de celui-là, il n'est pas possible de dire qu'il est méchant ou grincheux, comme on le fait si souvent des autres pour se justifier soi-même et se montrer sans indulgence à l'égard des enfants terribles. Il y a donc une raison; et cette raison est presque généralement que cet enfant a été plus mal nourri un jour que l'autre, qu'il est sous l'empire d'une digestion difficile, comme cet autre, d'un caractère irritable, est souvent un enfant dont l'alimentation a été insuffisante ou mauvaise dès sa naissance.

Importance de la bonne alimentation.

Tout le monde connaît l'humeur irascible des dyspeptiques. Le Dr Maurice de Fleury a dit : « Nous ne semblons pas nous douter de l'influence de la nutrition sur la valeur utilisable d'un organisme humain. »

Donc le caractère, les facultés d'attention, le pouvoir de s'appliquer, dépendent de la valeur de la nutrition.

Or, la nourriture est-elle donnée dans nos

écoles maternelles de la manière qui conviendrait?

Nous savons l'effort considérable de générosité fait par le Conseil municipal et par les mairies de Paris pour assurer aux enfants indigents dans les écoles une nourriture chaude et substantielle.

La nourriture doit être appropriée à l'âge.

Le malheur est que nos petits des écoles maternelles, s'ils n'ont point été oubliés, puisqu'on leur distribue la nourriture quotidienne comme aux enfants des écoles primaires, ne reçoivent pas une alimentation appropriée à leur âge; ils ont été vraiment considérés comme valeur négligeable en tant qu'organisme.

Jusqu'à cinq ans, disent des praticiens, l'enfant ne peut être carnivore. — « Passé cinq ou six ans, dit le Dr Maurice de Fleury, à qui il faut se référer souvent, le jeune animal peut être carnivore sans danger. »

Donc, il y a danger pour un enfant qui n'a pas cinq ans, à manger de la viande. — Que dira-t-on quand de pauvres petits de vingt-quatre mois (j'en ai vu) mangent du bœuf bouilli et des haricots rouges, précédés d'une soupe si claire qu'il leur est impossible de garder le liquide dans la cuillère, lorsque d'un geste gauche ils tentent de la porter à la bouche? J'ai vu un pauvre petit essayer, avec des efforts dignes d'un meilleur sort, de prendre un peu de soupe dans sa cuillère, ce qu'il réussissait à faire tant bien que mal; mais, dans le trajet de la gamelle à la bouche, la cuillère redressée laissait s'écouler la soupe trop liquide. Et le pauvre bambin, découragé après des efforts inutiles qui duraient depuis cinq minutes, renonça tristement à manger la « poupoupe » qui lui aurait cependant fait un peu de bien, puisqu'elle avait été servie chaude. Je ne suis pas intervenue, parce que je voulais voir; mais ce sont des expériences qui sont cruelles!

Une femme de service s'aperçut enfin de son embarras, et lui vint en aide; malheureusement le potage était alors à peu près froid.

Quant au bœuf bouilli et aux haricots, les deux mets peuvent être assurément absorbés par ces estomacs gloutons! seulement autre chose est de les digérer et de s'en nourrir à cet âge. Quelques enfants ont des vomissements dans l'après-midi, d'autres s'endorment lourdement, la plupart sont grognons. Ne cherchez pas la raison ailleurs que dans le menu...

Les directrices ont un rôle à jouer dans la question.

Il est nécessaire que les directrices, les institutrices qui se sentent de la tendresse, de la pitié pour les tout petits, fassent l'impossible pour qu'on revise les menus.

Il faut donner à nos enfants des écoles maternelles des potages aux légumes qui ressemblent à des purées, avec un peu de pain très cuit, du riz, des pâtes, des purées, des légumes passés, du lait, des œufs, etc. La viande coûte cher; elle peut être supprimée à peu près totalement au profit d'une autre alimentation plus rationnelle.

Enfin je souhaite que, dans l'hiver, avant de quitter le réfectoire, les enfants absorbent une boisson chaude, infusion d'avoine ou d'orge, et qu'il leur en soit distribué aussi après la récréation de l'après-midi.

Le « restaurant » des petits.

Veut-on un exemple du bien qu'on peut réaliser? L'an dernier, au lendemain de la rentrée du congé du 1er janvier, je visitai une école où je savais que la directrice avait au plus haut point le souci de l'alimentation des enfants; sa cantine, c'est « le restaurant des petits ».

Il est onze heures trois quarts lorsque j'arrive. Les marmots qui vont déjeuner ont fait leur toilette : visage et mains lavés, ongles bien nettoyés, ils vont se placer aux petites tables.

Dans quelle maison prendra-t-on plus de soins

avant de s'asseoir à la table familiale? — Et l'habitude prise persistera. Témoin le fait suivant :

On me montre un joli bambin, visage bien éclairé par des yeux très vivants. La veille au soir, chez lui, ce petit personnage, après s'être lavé les mains et la figure avant de se mettre à table, a demandé à sa maman « un petit carton ».

« Un petit carton? Qu'est-ce que tu veux dire? » demande la maman étonnée.

« Eh bien, un petit carton », répond l'enfant.

Et comme la maman continue à ne pas comprendre, il refuse de se mettre à table. Le papa s'en mêle; après force explications plus ou moins claires les unes que les autres, les parents finissent par comprendre. Il s'agit d'un petit rectangle de carton qu'il faut donner — comme ceux qu'on donne à l'école (c'est grand comme la moitié d'une correspondance d'omnibus) — pour se nettoyer les ongles! Le fait est authentique[1].

1. Or, on lit dans un récent numéro du journal *Le Gaulois* ce qui suit :

« En descendant aux stations du Métro, vous rencontrez quantité de gamins qui, avec insistance, vous réclament vos billets.

« Pourquoi veux-tu mon billet?

« — M'sieu! c'est pour jouer avec! »

« Et de confiance, pour faire plaisir aux gosses, nous leur remettons nos tickets. Or, savez-vous pourquoi ces gamins quêtent les billets?

« Vous ne le devineriez jamais!

« Pour en faire des « cure-ongles » dans les écoles primaires!

« Dans la plupart des écoles, surtout des écoles de filles, les maîtres et les maîtresses passent une revue des mains avant

Je reviens à mon « restaurant ». On se met à table : ces messieurs et ces dames en miniature s'asseyent, tirent leur serviette de leur panier, dont ils extraient d'autres richesses.

Et c'est piquant, je vous assure, de voir les mines intéressées quand on plonge la main dans le panier[1].

chaque classe, car il y a, à côté des préaux, des lavabos où les enfants passent après les récréations.

« On leur recommande, naturellement, de tenir leurs ongles propres. Mais, pour ce détail de toilette, il faut, en somme, au moins un instrument, quelque simple et quelque primitif qu'il soit.

« Et voici comment les instituteurs ont résolu le problème :

« Ils distribuent à leurs élèves qui sortent du lavabo... des tickets utilisés du Métro! Il paraît que ce sont des « cure-ongles » très commodes...

On a essayé des « correspondances » d'omnibus; mais, d'abord, elles sont plus rares, et puis elles sont d'un carton trop épais. Les tickets du Métro sont innombrables et suffisamment minces, résistants sans être durs, bref, très propres... à rendre propres les petits doigts des enfants. »

Le récit peut être humoristique.

En tout cas le procédé est antihygiénique et il est à abandonner au plus vite, s'il est vrai qu'il existe.

Jamais, en citant la dimension du carton, je n'ai eu la pensée d'insinuer qu'on pouvait se servir de correspondances d'omnibus.

Ces correspondances passent par toutes sortes de mains et elles sont le plus souvent contaminées.

1. J'ai vu un enfant ôter le bouchon de sa bouteille avec ses dents; il aurait pu avaler le bouchon dans un mouvement d'aspiration involontaire. Il est tout à fait nécessaire qu'on interdise aux enfants de déboucher eux-mêmes leur bouteille; la femme de service, et au besoin l'institutrice, qui certes ne s'y refusera pas, rendront ce service aux enfants. Le danger que je signale, pour être hypothétique, n'en est pas moins réel.

Quelques enfants avaient du lait comme boisson; il sera bon que les institutrices complimentent les mamans sur ce choix judicieux d'une boisson.

Il faut ensuite mettre la serviette, opération difficile, s'il en fut, pour quelques-uns ; mais quelques fillettes aident les petits voisins de table, tandis que la femme de service s'emploie aussi de son mieux. Je remarque un garçon qui veut mettre la serviette à son petit frère et il y passe un temps considérable. Le petit, résigné, — il doit en avoir l'habitude, — attend, le visage impassible, que l'autre triomphe de la difficulté.

Enfin, on sert le potage. Toutes les frimousses s'illuminent, et un silence absolu s'établit. C'est d'abord une bonne soupe au lait. En un clin d'œil, la petite gamelle est vidée. Il y en a encore dans la soupière. On demande qui en veut, et, sur trente-neuf convives, cinq seulement ne redemandent pas de potage.

Le déjeuner se poursuit. La directrice — elle est de celles qu'il faut louer sans réserve — a prêté un hachoir qui lui appartient; aussi le second service est-il excellent comme le premier.

On sert du veau haché menu comme chair à pâté, et bientôt tout cela est joyeusement avalé. Un des visiteurs qui m'accompagnent a une folle envie de goûter du plat, tant il lui paraît appétissant, et tant le fumet est odorant. Mais voici qu'un des bambins, d'une voix très nette, très claire (il a quatre ans et demi) se tourne vers la femme de service et dit :

« Après cela, qu'est-ce que nous avons?

— Des nouilles », répond simplement la femme de service.

Est-ce que vous ne trouvez pas que c'est le mot de la fin, le mot qui dit : qu'on est gourmet, qu'on est bien nourri; enfin, ce qui est mieux encore : qu'on est chez soi dans cette école et qu'on y est heureux.

Et je m'en vais ravie, le sourire sur les lèvres, pacifiée, en pensant qu'avec 0 fr. 09 et même avec rien pour quelques-uns, on a fait de la bonne nourriture, partant de la santé et de la joie! Et je pense qu'à certaines heures la justice n'est pas seulement un mot; et que nulle part, un enfant, quelle que soit « sa maison », n'a fait un meilleur repas que mes petits de la « maternelle ».

Une nappe de famille.

Après le repas, l'agrément du linge.

Quelque temps après, je recevais d'une directrice la lettre suivante :

« Mes pauvres petits n'ont pas de table de cantine. Ils mangent sur les bancs. J'ai coupé une belle et bonne nappe de famille, à moi, pour en faire des bandes qui recouvrent les bancs servant successivement de sièges et de tables à manger.

J'ai coupé de vieux draps pour en faire des serviettes à ces pauvres déshérités qui n'ont même pas une chemise de rechange. J'obtiens que les grandes filles de l'école primaire travaillent pour mes petits en loques. »

Tous ces soins, soyons-en sûrs, ne sont pas superflus pour la formation du petit être qui deviendra un homme.

Le lait.

Malgré tout, dans trop d'écoles maternelles nos enfants ne sont pas nourris comme ils doivent l'être, ni par les parents, qui sont la plupart ignorants, ni par les municipalités, qui ont pourtant déjà tant fait. Absorbées par de multiples soucis, celles-ci ont paré au plus pressé, en donnant à manger à qui en avait besoin; mais il y a mieux à faire: aujourd'hui que le principe est admis, elles doivent assurer l'alimentation qui convient à ces petits estomacs, sous peine de regrettables mécomptes; elles sont généreuses et nous devons les en louer; mais il faudrait que cette générosité portât pleinement ses fruits.

Que peuvent faire les institutrices?

Que doivent faire les municipalités?

Institutrices et municipalités.

Toutes nos institutrices veillent avec un soin attentif sur les petits qui déjeunent à l'école; je les ai vues s'en occuper; je les ai entendues maintes et maintes fois déplorer le peu de sagesse des familles qui donnent à de petits enfants du vin pur, quelquefois même du rhum ou du cognac — et de la charcuterie comme alimentation. Elles devraient provoquer la revision des menus et leur appropriation complète à leur destination. Si elles ne le font pas toutes, quelques-unes au moins n'épargnent pas leur peine.

Quant aux municipalités, qui ont toutes à un haut degré le souci du bien des enfants, elles se laisseront certainement convaincre, dans un temps très proche, que l'alimentation à l'école maternelle doit être différente de celle de l'école primaire.

Elles seront par la force des choses amenées à prendre le lait et les mets que je cite plus haut comme base d'alimentation pour les enfants au-dessous de cinq ans.

La question des dépenses peut-elle être de nature à les arrêter?

Ce n'est pas mon avis. Les cantines scolaires à Paris sont assez riches pour faire face aux vrais besoins.

Le goûter.

Ensuite il y a la question du goûter, dont nous devons nous occuper.

L'enfant mange peu à chaque repas : son estomac est de petite dimension, la capacité étant proportionnée à la taille. En principe, ce que l'estomac absorbe devrait être suffisant comme cela se passe aux repas des adultes. Mais, d'une part, l'enfant n'assimile pas tout ce qu'il mange si les aliments ne sont pas bien appropriés à son âge, à sa force de digestion ; d'autre part, — et cela est capital à retenir, — l'enfant ayant à entretenir un corps, sa petite maison, et aussi à la construire pour qu'elle grandisse, il lui faut manger souvent pour s'alimenter en vue du présent et de l'avenir : d'où l'habitude de faire téter le nourrisson toutes les deux ou trois heures ; puis peu à peu d'espacer ces repas à mesure qu'il grandit, tout en les lui faisant encore nombreux tant qu'il est dans la première enfance.

A l'école maternelle l'enfant appartient à cette première enfance ; c'est pourquoi il est de toute nécessité pour lui que l'habitude du goûter y soit gardée.

Cependant, quelques institutrices — de très rares institutrices — ont pensé qu'on pourrait peut-être supprimer « le goûter ».

Celles-là ne sont pas suffisamment instruites des lois de l'hygiène infantile et elles sont, peut-être inconsciemment, bien plus « institutrices » que « maternelles », — ce joli nom qui convient admirablement à quelques-unes, qui s'accorde si bien avec la physionomie jeune, éveillée, et charmante d'une fillette de dix-huit ans, et tout autant avec un austère visage encadré de cheveux blancs, quand l'amour de l'enfance l'illumine.

Une « maternelle » ! Vous verrez qu'un jour viendra où l'on dira « ma maternelle » comme on disait ma sœur, avec cette différence que le petit se blottira mieux et se sentira plus près du cœur, dans les bras de sa « maternelle ».

Eh bien, les « maternelles », les vraies, doivent vouloir que, dans l'école, on goûte, et, si c'est possible, qu'on y goûte bien.

Objections. — Faut-il penser que les scrupules qu'on fait valoir contre le goûter sont tous sans valeur ou partent tous d'un fâcheux état d'esprit? Que non pas! On m'a demandé : « Faut-il faire goûter les enfants? Ne risque-t-on pas que les parents, en leur donnant d'avance et le déjeuner et le goûter, ne les incitent ainsi à manger au déjeuner plus qu'il ne faut?

« Les enfants ne seront-ils pas tentés d'absorber le tout à midi, s'ils manquent de patience et que le « goûter » donné par la maman les tente dès cette heure?

« Et les bouteilles qu'on met dans leur panier, qu'ils vont trimballer et souvent sortir, pendant la route, pour boire, au risque de se blesser? Est-ce qu'il n'y a pas là des inconvénients graves, même des dangers?

« Est-ce que vous ne pensez pas qu'il vaudrait mieux que les parents viennent les chercher plus tôt le soir, et les fassent goûter à la maison, etc., etc.? »

Tout cela peut n'être pas sans quelque justesse, je le veux bien. Mais nous sommes là pour veiller à ce qu'il n'y ait pas d'abus, et les objections ainsi faites me paraissent être bien plus des prétextes que des réalités. Ce ne sont pas en tout cas des raisons suffisantes pour prévaloir contre l'habitude du goûter, qui est hygiénique, donc salutaire aux enfants.

Un exemple. — La bonne volonté de l'institutrice ne doit pas se heurter aux difficultés de détails; elle doit les prévoir, en triompher; elle doit en matière de goûter se dire que, puisqu'il est bon que les enfants goûtent, ils goûteront dans son école; qu'elle considérera comme une tâche intéressante de les faire goûter, qu'elle s'ingéniera à leur donner une boisson légère et fraîche pour aider le morceau de pain à passer, etc., etc.

Je sais telle école que j'ai vue au cours de mes pérégrinations de vacances, où les enfants qui n'ont pas de goûter reçoivent, grâce à la générosité d'une dame patronnesse, un grand verre de lait qui les réconforte. J'imagine que si la directrice avait été contre la coutume du goûter, l'heureuse initiative que je signale ne se serait pas reproduite.

Les sacrifices du Conseil municipal de Paris.

Il faut dire à l'honneur du Conseil municipal de Paris et des Mairies que la question des cantines scolaires est en tête de leurs préoccupations depuis longtemps.

Les cantines sont alimentées en partie par les ressources des caisses des écoles. On peut donc rappeler ici sans sortir du sujet que l'idée première de l'institution des caisses des écoles à Paris remonte à 1849, époque où une caisse des écoles fut fondée dans le XXe arrondissement (ancien IIIe). Le premier capital fut constitué avec le reliquat de caisse d'un bataillon de la garde nationale.

Les caisses des écoles ont puissamment contribué au développement de l'enseignement primaire à Paris par des encouragements accordés aux maîtres et aux élèves. Elles ont marqué leur œuvre par tout un système d'assistance aux enfants pauvres : distribution de vêtements et de chaussures, cantines scolaires, dispensaires scolaires, colonies scolaires, etc.

En 1890 elles ont accordé les allocations suivantes :

Vêtements et chaussures (Écoles primaires)	.	9 670fr,55
Colonies scolaires	— .	9 745 ,85
Cantines scolaires	— .	35 397 ,71

En 1891, le Conseil municipal a voté 600 000 fr. de subvention pour les cantines scolaires.

En 1892 il est dépensé pour les cantines 1 023 955 fr. 20, dont 157 375 fr. 19 pour le personnel, et 775 951 fr. 89 pour achat d'aliments.

En 1898, il existe 385 cantines à Paris.

Voici les chiffres de recettes et de dépenses :

Recettes	1 350 874fr,30
Dépenses	1 336 040 ,61

La subvention de la Ville en 1899 est de : 617 695 fr.

Un rapport de M. Chautard au Conseil municipal, 1906, n° 114, établit la proportion des enfants des écoles qui fréquentent les cantines scolaires. Voici les chiffres :

En octobre 1905 :

	TOTAL DES ENFANTS QUI VONT A L'ÉCOLE	NOMBRE DES ENFANTS QUI VONT A LA CANTINE	POUR 100
	—	—	—
Écoles de garçons .	73 716	17 892	24
— filles . .	67 923	13 010	20
— maternelles.	35 385	11 201	31

En octobre 1906 :

	TOTAL DES ENFANTS QUI VONT A L'ÉCOLE	NOMBRE DES ENFANTS QUI VONT A LA CANTINE	POUR 100
	—	—	—
Écoles de garçons .	74 275	16 131	21,7
— filles. . .	68 219	13 303	19,3
— maternelles .	34 012	10 346	20,6

Donc les 3/4 des garçons, les 4/5 des filles, les 2/3 des petits des maternelles rentrent chez leurs parents à midi.

Le nombre des portions distribuées en 1905 est le suivant :

Portions	gratuites	6 144 634
	payantes	3 184 609

Ces chiffres montrent quelle est l'importance du service des cantines à Paris, et le soin dont l'alimentation doit être l'objet.

La surveillance du déjeuner des enfants.

Le personnel des écoles de Paris a élevé diverses réclamations au sujet de la surveillance des cantines. Après examen, la 4e Commission, présidée par M. Chautard, a rejeté en bloc ces réclamations. Je n'ai pas à prendre parti dans la question. Je veux seulement dire que pour rester dans leur rôle et justifier leur nom, les écoles maternelles doivent assurer les soins particuliers du déjeuner des petits, qui est un exercice capital pour l'éducation.

En fait, l'école maternelle laisse, en dehors des heures de service, le personnel à peu près libre. Une courte préparation de classe suffit généralement; mais en revanche les heures de présence à l'école sont nombreuses et elles sont lourdes.

Quelques écoles privilégiées ont une population restreinte et font la vie relativement facile au personnel. Mais quand lès institutrices exercent dans les écoles parisiennes de la périphérie, par exemple, rien n'est plus fatigant que leur tâche. Et même quand elles seront débarrassées de la préoccupation des progrès à faire en lecture et en écriture, leur rôle éducatif étant augmenté, elles n'auront pas plus de repos, au contraire, puisque la routine qui peut dispenser de l'effort ne sera plus d'aucun secours. Or, les heures de service en dehors de la classe proprement dite sont nombreuses.

On me fera observer que dans les écoles qui comptent une population scolaire considérable le nombre des adjointes est proportionné à cette population, que ces adjointes se partagent les heures de service : elles n'en ont au bout du compte pas plus que dans les autres écoles.

Je veux bien croire que c'est toujours exact, et considérer ceci comme acquis. Mais, autre chose est pour une institutrice de garder quarante enfants qu'elle connaît, ou, pour deux d'en garder deux cents comme je l'ai vu. Autre chose est d'assister au déjeuner d'une trentaine d'enfants ou d'en avoir à soigner cent cinquante à ce moment. Rien que la présence d'enfants nombreux est une cause de fatigue nerveuse pour les institutrices : le bruit qu'ils font, leur respiration, l'odeur qui se dégage de ces petits corps, tout cela déprime les institutrices; et bien souvent on serait tenté de les accuser de nonchalance ou d'indifférence, si on ne se rendait pas compte que le milieu dans lequel elles évoluent anémie à certaines heures leurs facultés cérébrales et dilue leur énergie.

Le remède? — Le remède? Hélas! comme presque tous les remèdes, il n'est pas d'un prix facilement abordable, et il nous faudra probablement le demander longtemps avant que les grandes villes qui, seules, en auront besoin, parce que seules elles ont de grandes agglomérations de population, se décident à y avoir recours.

Cherchons-le tout au moins, et pour cela voyons ce qui se passe pour les enfants de la classe privilégiée. Dans la plupart des familles riches les enfants vivent séparés des parents qui n'ont avec eux que des relations de tendresse; ils vivent dans la partie de la maison que nos voisins d'outre-Manche appellent la nursery. S'il y a plusieurs enfants dans la nursery, par conséquent d'âges différents, ils ont pour les soigner, pour les éduquer et les instruire, au moins deux femmes, une nurse et une gouvernante.

Cet état de choses créé pour les besoins d'une existence factice, pour les exigences des relations mondaines des gens qui occupent les hauts degrés de l'échelle sociale, se retrouve, par un phénomène bien particulier, sous une forme presque identique, créé par les nécessités impérieuses de la vie besogneuse des gens qui, eux, occupent les degrés inférieurs de cette même échelle sociale. Les femmes qui sont obligées de peiner pour gagner leur pain quotidien confient à une nursery d'un ordre différent les petits qu'elles ne peuvent pas élever elles-mêmes. Cette nursery, c'est l'école maternelle. Nous devons donc y trouver au service des enfants du peuple ce que les enfants riches trouvent à leur propre service, deux femmes : une gouvernante, c'est l'institutrice, qui veillera au développement moral et intellectuel, et, de plus, là où la population scolaire est considérable, une nurse pour veiller à l'éducation et au développement du corps.

La nurse.

Et afin qu'on ne s'égare pas, pour qu'on ne prenne pas cette nurse que je réclame comme une femme de service tout simplement, je dirai ce qu'est une nurse à l'étranger et même chez nous ;

nous verrons ensuite ce qu'elle pourrait être à l'école maternelle.

La nurse est une jeune fille de bonne famille; sans cette condition elle ne pourrait entrer plus tard dans les familles d'éducation raffinée qui lui confient le soin de leurs enfants; c'est une fille bien élevée qui cherche dans l'emploi le moyen de gagner honorablement sa vie, en même temps que de relever à ses propres yeux l'obligation du travail mercenaire, en choisissant une situation où le dévouement ennoblit toute chose, que la nurse élève des enfants ou qu'elle soigne des malades. Et la situation de nurse est si respectée, elle représente une telle supériorité morale, que quelquefois, cela s'est vu et se voit encore, des jeunes filles millionnaires consacrent une ou deux années de leur jeunesse à exercer cette profession.

Ce qu'elle serait à l'école maternelle — Pour que la nurse soit à l'école maternelle ce qu'elle est à la nursery, il faut donc que ce soit une jeune fille de bonnes manières, d'esprit cultivé, dont le salaire, au moins égal au traitement des institutrices, lui permettrait de vivre avec correction, et la placerait sur un pied de parfaite égalité avec le reste du personnel. Si la nurse était moins payée que les institutrices, quelle que soit sa valeur, elle serait considérée comme une inférieure et son rôle ne saurait plus être le même.

Quant à son autorité, elle devrait être incontestable et incontestée dans le domaine qui lui serait dévolu, mais toujours sous le contrôle de la directrice.

A elle, tout ce qui concerne les enfants en dehors des classes; à elle, les surveillances du déjeuner et des heures de garde; à elle, le soin de la santé, le souci de l'hygiène, la préoccupation de veiller sur les faibles, la peine de panser les bobos, d'appliquer une compresse, au besoin de consoler, de calmer, d'apaiser les enfants irritables et nerveux, de régler les récréations et les gymnastiques, avec, sous ses ordres directs, immédiats, des femmes de service qui feraient toute la partie de la besogne qui revient aux bonnes d'enfants, car cette nurse, nous le répétons, serait une femme distinguée, une jeune fille gracieuse; elle aurait des mains soignées, auxquelles se confieraient volontiers les petites têtes souffrantes, heureuses d'être doucement caressées par elles.

Aux heures de classe les nurses auraient une pièce réservée où elles pourraient lire, causer ou se reposer.

Ce projet est-il réalisable? Il me le semble, et la dépense ne serait pas au-dessus des ressources de la ville de Paris. Ce qui est sûr, c'est qu'avec la nurse, l'école maternelle prendrait un autre aspect : les institutrices, moins fatiguées, feraient plus joyeusement l'éducation intellectuelle et morale de leurs petits élèves; ceux-ci seraient soignés aussi bien que peuvent l'être les enfants les plus favorisés de la fortune; ils seraient élevés dans de meilleures conditions intellectuelles, dans d'excellentes habitudes physiques; ils deviendraient des êtres plus sains, plus forts, plus heureux, par conséquent meilleurs : rendre meilleur, n'est-ce pas là le but de toute éducation?

La présence au déjeuner à l'école maternelle. — La question du service d'interclasse ne peut pas se poser dans les écoles maternelles, qui cesseraient de répondre à leur objet si les institutrices cessaient de faire le service du déjeuner et de la récréation. Il faut, pour suivre ces petits dans tous les exercices, des femmes qui les connaissent, en qui ils aient confiance, des institutrices qui remplacent les mères, et non des étrangères de passage. Le personnel régulier de la maison peut seul les veiller, s'intéresser à eux à ces heures capitales de leur existence : celle du déjeuner, celle de la récréation, où ils prennent leurs libres ébats. Tant que les municipalités ne seront pas assez riches pour nous donner des « nurses », c'est-à-dire des femmes de valeur et de qualité égales à nos institutrices pour remplacer celles-ci quotidiennement dans ce service, les institutrices devront rester à leur poste.

Le menu des écoles maternelles du XIXe arrondissement.

En attendant, je suis heureuse de dire que le personnel des écoles maternelles fait tout son devoir à la cantine, comme à la classe et à la récréation, et je suis heureuse aussi d'indiquer ci-dessous le menu qui vient, sur ma proposition, d'être adopté par la mairie du XIXe arrondissement pour ses écoles maternelles.

Menus mensuels.

1re SEMAINE

Lundi. . .	Soupe aux poireaux et aux pommes de terre. Rôti de mouton haché. Pommes nouvelles.
Mardi . .	Soupe à l'oseille et au riz. Rôti de mouton haché. Macaroni au fromage.
Mercredi .	Soupe à l'oignon et aux haricots. Rôti de veau haché. Purée de haricots blancs.
Jeudi. . .	Soupe aux poireaux et aux pommes de terre. Rôti de veau haché. Omelette.
Vendredi .	Soupe aux légumes (Julienne). Rôti de mouton haché. Épinards au jus.
Samedi . .	Soupe à l'oseille et aux pommes de terre. Rôti de mouton haché. Riz au lait très sucré, gâteaux.

2e SEMAINE

Lundi. . . Soupe aux légumes (Julienne).
Rôti de veau haché.
Purée de pommes de terre.
Mardi . . Soupe à l'oignon et aux pommes de terre.
Rôti de veau haché.
Coquilles au fromage.
Mercredi . Soupe aux poireaux et aux pommes de terre.
Rôti de mouton haché.
Salades cuites.
Jeudi. . . Soupe à l'oseille et à la semoule de riz.
Rôti de mouton haché.
Purée de pommes de terre au lait.
Vendredi . Soupe à l'oignon avec l'eau des haricots.
Rôti de veau haché.
Haricots verts.
Samedi . . Soupe aux légumes (Julienne).
Rôti de veau haché.
Riz au lait et aux œufs. Figues.

3e SEMAINE

Lundi. . . Soupe à l'oseille et aux haricots.
Rôti de mouton haché.
Purée de haricots blancs.
Mardi . . Soupe aux poireaux et aux pommes de terre.
Rôti de mouton haché.
Purée de pommes de terre.
Mercredi . Soupe à l'oignon avec de la farine de lentilles.
Rôti de veau haché.
Épinards au jus.
Jeudi. . . Soupe aux légumes (Julienne).
Rôti de veau haché.
Nouilles au fromage.
Vendredi . Soupes aux poireaux et aux pommes de terre.
Rôti de mouton haché.
Pommes nouvelles.
Samedi . . Soupe à l'oseille et au riz.
Rôti de mouton haché.
Riz au lait très sucré. Fruits cuits.

4e SEMAINE

Lundi. . . Soupe aux poireaux et aux pommes de terre.
Rôti de veau haché.
Purée de pommes de terre.
Mardi . . Soupe à l'oseille et à la semoule de riz.
Rôti de veau haché.
Macaroni au fromage.
Mercredi . Soupe à l'oignon et aux haricots.
Rôti de mouton haché.
Purée de haricots blancs.
Jeudi. . . Soupe aux poireaux et aux pommes de terre.
Rôti de mouton haché.
Riz au lait et aux œufs.
Vendredi . Soupe aux légumes (Julienne).
Rôti de veau haché.
Épinards au jus.
Samedi . . Soupe à l'oseille et aux pommes de terre.
Rôti de veau haché.
Pommes de terre à la sauce blanche et au lait.
Fruits cuits.

Farines alimentaires : pois, maïs, orge, châtaignes, pour remplacer les légumes verts.

CHAPITRE IV

LE SECTIONNEMENT

La circulaire du 22 février 1905. — Classement parallèle. — Encore le classement. — L'âge des enfants. — Une matinée dans une école maternelle réformée. — Le déjeuner et la récréation. — Le service de midi. — L'après-midi.

Application de la circulaire du 22 février 1905.

Le sectionnement. — Dans un récent article, Mme Kergomard, inspectrice générale, après avoir indiqué ce qu'était le sectionnement avant la circulaire du 22 février 1905, considère qu'il peut être fait aujourd'hui de la manière suivante :

Dans une école à deux maîtresses, dit-elle, les enfants de deux à quatre ans seront confiés à l'une d'elles, ceux de quatre à six ans à l'autre.

Mais elle fait une remarque capitale : c'est que les enfants de *quatre à cinq ans doivent être exclus de l'exercice de lecture et de l'exercice d'écriture* absolument réservés aux enfants de cinq à six — exercices auxquels il sera consacré vingt minutes pour l'un le matin, et vingt minutes pour l'autre le soir. Pendant ce temps de lecture et d'écriture, les enfants de quatre à cinq ans, qui ne doivent apprendre *ni à lire ni à écrire*, iront rejoindre leurs camarades de la petite section.

Mêmes dispositions avec des sections parallèles pour les écoles qui comptent trois maîtresses ou davantage, — mêmes réserves quant à la lecture et à l'écriture pour les enfants de quatre à cinq ans.

Au fond, c'est le classement des enfants en deux sections : trois à cinq, et cinq à six, — avec cette circonstance que ceux de quatre à cinq ans participent aux exercices maternels des enfants de cinq à six, jeux, travaux manuels, dessin, etc., — mais point aux exercices scolaires, lecture, écriture.

Voilà qui est clair, net, précis. Les enfants ne doivent ni lire ni écrire avant cinq ans. S'il se trouve des moyens de quatre à cinq avec les grands de cinq à six, ils sortiront de la classe quand on y lira ou qu'on y écrira, et ils iront jouer avec les petits.

On peut penser que Mme Kergomard, qui est la logique même, s'est demandé : « Puisqu'ils doivent sortir pour la lecture et l'écriture, est-ce qu'il ne serait pas plus simple de prendre un autre mode de distribution, et de ne pas les admettre du tout avec les enfants de cinq à six ans? Ne suffirait-il pas pour cela de régler l'horaire en conséquence? »

Et alors elle se répond à elle-même, et elle nous dit :

« Il y a bien une autre solution à la fois plus simple et plus rationnelle, bien mieux d'accord aussi avec les inquiétudes que me cause la transformation coupable du petit enfant en écolier; elle consisterait à réunir dans la section « des petits » les enfants de deux à cinq ans, et à ne considérer comme « grands » que les enfants de cinq à six ans. »

Mais l'organisation lui suggère, quant à présent, des restrictions. Elle craint que la section des grands ne soit une véritable classe primaire tant que ne sera pas faite l'éducation du personnel et des familles. Où sera, interroge-t-elle, la sauvegarde des « grands » qui seront traités en écoliers et passeront de la lecture à l'écriture, de l'écriture au calcul, à la leçon de choses, etc.?

Mme Kergomard fait autorité dans ces questions et nous devons accepter son jugement. Si depuis vingt ans on avait suivi ses conseils, nous n'en serions pas où nous en sommes.

Mais elle est aussi de celles qui sont prêtes à examiner toutes les opinions sincères.

Donc, en regard de son inquiétude pour les enfants de cinq à six ans, je vais indiquer celle que j'ai pour les enfants de quatre à cinq ans dans le système de la coupure à quatre ans.

Non seulement pour moi la section des enfants de cinq à six ans est rationnelle, ainsi que Mme l'Inspectrice générale le déclare, mais elle me paraît s'imposer. (Je ne parle, bien entendu, que pour la Seine; puisque là seulement je peux prendre contact avec les difficultés du sectionnement.) Sans aucun doute les « grands » « travaillent »; ils « travaillent » trop, et je les plains de tout mon cœur, les pauvres petits. L'âge légal de la scolarité est de six ans (loi du 28 mars 1882, art. 4). En fait, il ne faut pas se dissimuler que, par la section des grands à l'école maternelle, on risque de l'abaisser à cinq ans. Le mal est réel; mais enfin, avec des enfants de cinq ans il est moins grave qu'il ne l'est pour ceux de quatre ans. Et puis, si on le veut fortement, on peut l'enrayer.

J'appuierai mon opinion sur deux faits, l'un antérieur à l'apparition de la circulaire, l'autre postérieur.

1° Dans une école, les enfants au-dessus de trois ans sont divisés en deux classes parallèles, — de sorte que ceux qui ont de trois ans et demi à six ans subissent dans les deux classes le régime des élèves de cinq à six ans. Il existe des petits qui, précocement intelligents, arrivent à apprendre — m'assure-t-on — aussi bien que les aînés.

On m'en montre un — et cela *triomphalement* — qui a trois ans et demi. (Il y en a deux de cet âge qui sont inscrits; mais je n'en ai vu qu'un, l'autre était absent le jour de ma visite.) Au dire de son institutrice, il suit passionnément les leçons, et il pleure quand on ne l'interroge pas. « Malheureusement, me dit la directrice, il ne fait pas autant de *progrès* (entendez lecture, écriture, calcul) qu'il le pourrait, car il est toujours malade. »

Je passe dans la classe parallèle, on me vante l'institutrice : « Mme Z. se donne « joliment » du mal ! c'est qu'elle ne veut pas *se laisser dépasser* par sa collègue ! C'est tous les jours qu'elle lui demande : Combien en avez-vous qui savent lire ? Combien en avez-vous qui savent écrire ? » (*Textuel.*)

2° Quelque temps après la publication de la circulaire du 22 février 1905, je conseillai aux directrices de ma circonscription de la relire avec attention au moment où elles auraient à préparer les états de fournitures scolaires pour l'année en cours, afin de s'inspirer de l'esprit des instructions ministérielles.

Eh bien, je reçus entre autres propositions un état qui portait la demande de 300 livres de lecture. Or, l'école pour qui la commande était introduite compte dans son ensemble une moyenne de moins de 200 enfants présents de deux à six ans, dont à peine 125 ou 130 de cinq à six ans. Le rapprochement de l'effectif et du nombre d'exemplaires du livre de lecture parle de lui-même, et son éloquence me dispense de rien ajouter sous ce rapport.

Ce qu'il faut seulement que je dise, c'est que la fourniture était demandée par une très bonne directrice; mais, à ce moment-là, elle n'avait pas encore accepté l'idée que, dans une école maternelle, tout le monde — grands, moyens, petits — ne doit pas obligatoirement lire, écrire, etc. Erreur de méthode, erreur de direction! Combien en faut-il rectifier!

Dernièrement encore, quelqu'un recommandait de faire beaucoup de lecture, beaucoup d'écriture (non pas vingt minutes le matin et vingt minutes le soir, mais bien davantage!). Il faut des progrès! déclarait-on.

Oui, la coupure du cadre à cinq ans est la plus simple et la plus rationnelle.

Faisons-la. Redoutons un peu le surmenage pour les enfants de cinq à six s'ils sont seuls. Mais craignons bien plus le danger pour ceux de quatre à cinq si on les réunit même partiellement aux premiers. Car il est douteux qu'on les fasse sortir aux heures de lecture et d'écriture. On demandera des exceptions; et si on entre dans cette voie, nous retournerons infailliblement aux errements de ces derniers temps. Sous un prétexte quelconque, on enfreindra une première fois l'ordre. On recommencera le lendemain, et puis toujours. Ces sorties, dira-t-on, amèneront des complications de mouvements, de services. Complaisamment, on se trouvera là l'apparence d'une excuse. Et j'ai bien peur que les pauvres petits retardataires ne soient traités de paresseux ou de sots, et ne deviennent les parias de leur classe! Le remède serait ainsi pire que le mal.

Enfin, pour dire toute ma pensée, s'il était admis en principe que la coupure puisse être faite à quatre ans, soyons bien convaincus qu'il serait fait généralement comme dans l'école que j'ai citée plus haut : on mettrait en première section des enfants de trois ans et demi, — sous prétexte de développement physique et intellectuel! C'est la lettre du règlement.

Je m'arrête donc avec joie à la conclusion que donne Mme Kergomard en dernière analyse.

« Le sectionnement à cinq ans presque parfait, dit-elle, aura sa raison d'être :

« 1° Lorsque les directrices, les inspecteurs et les inspectrices seront aussi persuadés que mes amis et moi du danger physique, moral et intellectuel que fait courir à l'enfant l'instruction primaire avant l'âge.

« 2° Lorsque nous aurons fait l'éducation des parents, dont les exigences sont le résultat de concessions d'autant plus impardonnables que l'école maternelle n'étant pas obligatoire nous avions le droit et le devoir de ne les point faire. »

Je puis témoigner que le personnel de ma circonscription, rendu libre de toute entrave, est mûr presque partout pour réaliser pleinement la réforme. Je pourrais citer aussi telles écoles où les familles remercient les directrices de ne plus « faire travailler les petits ».

Voilà, mesdames les Institutrices des écoles maternelles, ce qu'il est utile que vous sachiez toutes.

Si vous lisez les deux derniers paragraphes de Mme Kergomard avec une grande attention et avec l'esprit de bon vouloir nécessaire à la réussite de toute entreprise, le succès de la circulaire du 22 février est assuré.

Classement parallèle.

Le classement parallèle a eu bien de la peine à se faire adopter, malgré la circulaire du 22 février 1905. Il venait en effet bouleverser des habitudes, dont la plus enracinée était celle-ci : classer les enfants d'après la manière plus ou moins avantageuse dont ils étaient disposés pour la lecture et l'écriture. Dans toutes les classes on lisait, plus ou moins bien selon le numéro de la classe ; c'était l'aptitude à la lecture et à l'écriture qui décidait de tout.

Le règlement modèle ne laissait pas de doute cependant, puisqu'il indiquait deux sections : 1° section des petits enfants (de deux à cinq ans); 2° section des enfants de cinq à six ans; mais, d'une part on ne prenait pas la peine de lire le règlement, et d'autre part on tenait à procéder à l'école maternelle comme à l'école primaire.

Or si le classement superposé est nécessaire et se justifie à l'école primaire où l'enfant commence véritablement à étudier, il est néfaste à l'école maternelle, pour la principale raison qu'il est « primaire » et pour d'autres raisons encore.

Peu à peu, les esprits, d'abord réfractaires, se sont pénétrés du pourquoi de ce classement, ils en ont reconnu le bien fondé et les heureux effets.

a) Les enfants sont dans des conditions excellentes quand ils sont classés parallèlement, puisque la présence des plus petits rappelle aux maîtresses qu'elles n'ont pas affaire à des écoliers.

b) Les institutrices ont un très grand avantage à avoir entre les mains les mêmes éléments que leurs collègues : les unes n'ont pas tous les enfants intelligents et les autres tous ceux dont les facultés sommeillent encore.

Une directrice chargée de classe (école à quatre divisions), qui a une classe parallèle à la sienne dirigée par une de ses adjointes, me signale un avantage que je me plais à indiquer.

Elle a, comme l'institutrice sa collègue, des enfants à peu près en même quantité; ils sont supposés être intellectuellement de valeur égale étant d'âge semblable, puisqu'il y a autant d'enfants de deux à trois, de trois à quatre et de quatre à cinq ans, dans les deux classes.

Or, d'après l'horaire, elle a dressé son programme; mais elle l'a établi en commun avec l'institutrice de la classe parallèle à la sienne. Il y a eu pour cela des entretiens, puis un accord sur ce qui semble à chacune le meilleur pour telle ou telle leçon. D'où organisation très sérieusement conçue, absence de routine et progrès marqué.

Ce n'est pas tout, les leçons : exercices de vocabulaire, leçons de choses, jeux, etc., demandent un matériel *ad hoc* et beaucoup d'écoles maternelles en sont dépourvues. Que font ces deux institutrices? elles réunissent leurs efforts pour avoir tout ce qui est propre à la leçon ou au jeu; la peine est diminuée de moitié : car ce qui doit servir à une leçon de choses, par exemple, passe d'une classe dans l'autre, de même pour le jeu. Par contre, la richesse est doublée parce que chacun a le désir très louable de ne pas tout laisser fournir à sa collègue, et qu'elle apporte le plus qu'elle peut de son côté.

Donc, dès ce moment le classement parallèle dans les écoles à plusieurs classes a puissamment contribué à améliorer les résultats dans les écoles maternelles; il crée un lien de plus entre les institutrices d'une même école, si, comme c'est la grande majorité des cas, ces institutrices s'entendent bien.

Il se peut, au contraire, que les institutrices

préfèrent travailler d'une manière plus indépendante; mais elles n'en resteront pas moins solidaires de ce qui se fera dans la classe voisine. Au point de vue des résultats à atteindre, elles pourront être jugées sur des éléments d'appréciation identiques : mêmes difficultés à occuper à la fois des enfants de trois ans, et des enfants de plus de quatre ans; mêmes difficultés de se mettre à la portée de ces enfants; même besoin de ressources matérielles pour faire les leçons de choses ; même nécessité d'un journal de classe bien préparé, mêmes conditions en toutes choses.

C'est ce que je tenais à constater pour bien persuader les esprits encore rebelles.

Et maintenant, qu'il me soit permis de dire que si le classement parallèle est fait consciencieusement, si je le trouve de mieux en mieux accepté, je suis obligée de remarquer que l'élan est souvent fourni par les jeunes, par les nouvelles arrivées, — et j'ajoute : par certaines directrices, anciennes adjointes des écoles primaires[1], qui n'étant imbues d'aucun préjugé, n'ayant aucune habitude fâcheuse, se sont mises franchement à la tâche, et sont parties à la conquête du succès, tout en bénéficiant sagement des conseils et des

1. Ceci ne change aucunement ce que j'ai toujours dit : Il est désirable que les directrices d'écoles maternelles soient prises parmi les adjointes d'écoles maternelles. Qu'elles sachent seulement ne pas se figer dans les vieilles formules.

exemples d'un personnel qui a pour lui l'expérience.

L'âge des enfants.

Ce qui paraît provoquer le plus d'incertitude et d'hésitation, et soulever des difficultés, est la partie de la circulaire qui indique que le classement des enfants doit être fait de telle façon que les classes soient parallèles et non superposées.

En général on a bien compris qu'il fallait partager tous les enfants de l'école en deux groupes quant au programme : 1er groupe, enfants de cinq à six ans; 2e groupe, enfants de trois à cinq ans.

Cet effort une fois fait, les institutrices sont restées en route, et elles ont pensé qu'on pouvait diviser ces groupes en sections d'après les âges. Par exemple dans une école qui peut avoir deux classes formées d'enfants de cinq à six ans la directrice penserait à les diviser en deux classes superposées : 1re *classe*, les enfants de cinq ans et demi à six ans et ceux de cinq ans très développés intellectuellement; 2e *classe*, ceux de cinq à cinq ans et demi avec quelques-uns au-dessous de cinq ans reconnus très intelligents. De même pour le 2e groupe qui, par exemple, séparé en deux classes, formerait : une classe avec des enfants de quatre à cinq ans et une autre avec ceux de trois à quatre ans.

L'erreur est complète : on reviendrait aux anciens errements des classes superposées, absolument proscrites par la circulaire de février 1905.

Voici comment le sectionnement doit être compris :

Une école compte quatre-vingts enfants de cinq à six ans et cent vingt enfants de trois à cinq ans, par exemple, — l'effectif de chaque classe étant de 40.

Cette école comprendra par conséquent deux premières classes parallèles contenant chacune un nombre égal d'enfants de cinq à six ans sans distinction d'intelligence ni d'aptitude;

Et trois deuxièmes classes parallèles d'enfants de trois à cinq ans, choisis indifféremment au point de vue intellectuel, mais de manière qu'il y ait autant d'enfants de trois à trois ans et demi, trois ans et demi à quatre, quatre et demi à cinq dans chaque classe.

Quant aux enfants de deux à trois ans, si la directrice est chargée de classe, elle les prend sous sa protection, et si elle est déchargée de classe elle en fait une classe isolée du groupe précédent dans le cas où le nombre d'enfants est suffisant pour cela, ou bien elle les distribue en nombre égal dans chaque classe comprenant des enfants de trois à cinq ans.

Le classement fait ainsi a des avantages sérieux pour les enfants qui ne peuvent être traités en écoliers qu'à partir de cinq ans, ce qui est déjà quelque chose.

Ce classement a des avantages non moins appréciables pour le personnel, qui, s'il perd le droit dans le groupe de trois à cinq ans, de faire de la lecture et de l'écriture, exercice si cher au cœur de quelques-unes, a au moins l'avantage énorme d'égaliser les valeurs intellectuelles. Je m'explique.

Autrefois on classait les enfants de trois à quatre, de quatre à cinq, de cinq à six, avec des classes intermédiaires qui n'étaient pas des dédoublements, mais des sélections; par exemple, en 1re classe on trouvait bien des enfants de cinq à six ans, mais on en trouvait qui n'avaient que quatre ans et demi et même quatre ans, placés là parce qu'ils étaient très doués, de sorte que l'institutrice qui faisait la classe immédiatement au-dessous avait des éléments inférieurs.

Avec le nouveau classement, rien d'analogue. Il peut y avoir dans une école 3 classes d'enfants de cinq à six ans ou de trois à cinq ans ; les institutrices sont traitées avec une égalité parfaite, elles ont autant d'éléments les unes que les autres, partant les mêmes facilités pour prouver leurs capacités — ce qui n'était pas toujours possible pour certaines, qui avaient à appliquer un programme à peine différent avec des éléments tout à fait dissemblables. Voilà qui n'était pas juste au moins quant au personnel. Et je ne reviens pas sur les dangers de l'effort excessif qu'on demandait aux petits pour suivre les grands de leur classe[1]!

1. *Trop jeunes à cinq ans, que ferons-nous de nos petits enfants?* — Doit-on envoyer à l'école les enfants au-dessous de cinq ans? La question a été fort débattue à cause de la décision contraire du Conseil d'Éducation de Londres. En guise de réponse aux critiques, le Conseil vient de faire paraitre un volume contenant un mémoire de M. Cyril Jackson, inspecteur principal des Écoles élémentaires, et les rapports de cinq inspectrices qui furent chargées de faire une enquête sur la question. On peut exposer brièvement quelques-uns des arguments de l'inspecteur principal :

Il n'y a aucun avantage intellectuel qui dérive de l'instruction scolaire au-dessous de cinq ans.

Les enfants de bonnes familles ont avantage à en être exclus.

Les enfants de parents pauvres travaillant au dehors seraient mieux à l'asile qu'à des écoles d'enseignement.

Le professeur le plus éclairé n'est pas nécessairement le meilleur gardien de bébés.

Une nourriture mal appropriée plutôt qu'insuffisante est la cause d'enfants maladifs.

L'insuffisance de sommeil, la négligence de propreté corporelle, les demeures mal aérées sont des causes qui contribuent à l'infériorité physique de l'enfant.

Examinant les rapports, nous pouvons prendre celui de miss Munday qui pénètre à fond le sujet. Voici un exposé de l'objection aux écoles :

Les défauts principaux dans l'organisation et le curriculum des écoles maternelles sont trop souvent la grande dimension des classes, le manque d'exercice physique suffisant, le changement insuffisant d'attitude, d'air, de lieu et de professeurs, la répression d'originalité dans l'individu (la manière d'enseigner), le mode d'enseignement instructif qui domine au lieu du mode éducatif et l'emploi d'occupations impropres qui causent une tension trop prolongée sur les muscles et les nerfs du corps, particulièrement pour les exercices. Écrire et dessiner sur du papier ordinaire réglé ou quadrillé, enfiler des aiguilles et coudre avec de petits instruments et souvent dans des pièces

A mon sens, l'instruction ministérielle s'est donc montrée bienfaisante au moins autant pour le personnel que pour les enfants.

La seule cause de dérogation qui puisse être faite à l'application de la circulaire, c'est l'état physique d'un enfant qui devant être placé dans le groupe de cinq à six ans, par exemple, à cause de son âge, devra en être exclu s'il est mal portant : les directrices sont trop mères de famille pour n'être pas bons juges de ce qu'il y a à faire dans ce cas.

Mais par contre, *jamais*, sous prétexte de très grande intelligence ou d'une santé excellente, les enfants ne doivent être placés dans une section supérieure à celle que leur attribue leur âge. Cette distinction naissante est trop fragile pour qu'on l'utilise si tôt. Il faut au contraire la réserver pour qu'elle s'affirme et se fortifie. C'est bien assez qu'il en soit ainsi dans les écoles primaires. Mais là, les enfants entrent en contact direct avec la vie et apprennent à leurs dépens que les intelligents ou les travailleurs passent les premiers, et forment une sélection. Jusqu'à l'école primaire, laissons-les vivre en nous efforçant seulement de les rendre heureux et capables d'entrer dans la lutte, au jour trop tôt venu de leurs six ans.

mal éclairées, est préjudiciable mentalement et physiquement pour des enfants entre trois et cinq ans. (*Daily News*, 26 septembre 1905.)

Encore le classement.

L'école est bien tenue; le personnel, jeune ou non, fait des efforts sérieux vers le mieux. Je me retire satisfaite; et cependant j'emporte un souci : quatre enfants de quatre ans sont placés dans chacune des deux sections parallèles de cinq à six ans, au total huit. *Pourquoi?*

Le *Parce que* ici importe peu : il pouvait être d'ordre privé et respectable pour la personne chargée de la classe où ces huit enfants eussent dû être placés. Mais ce qui m'arrête ce sont les raisons données, et dont il faut faire une bonne fois justice.

« Comment vous êtes-vous déterminée, demandai-je à la directrice, pour choisir ces huit enfants? » La réponse était facile à prévoir : « Parce que c'étaient les plus intelligents », me répondit-elle.

On a dit et redit, mais il n'est pire sourds que ceux qui ne veulent point entendre, que l'enseignement scolaire n'est obligatoire qu'à partir de l'âge de six ans; qu'il est prématuré, qu'il est dangereux, de vouloir commencer plus tôt, que cela est mauvais pour la santé intellectuelle et physique des enfants; qu'il est des moyens meilleurs de préparer à la vie les petits des écoles maternelles avant cinq ans; que c'est seulement

de cinq à six ans que l'on doit faire apprendre à lire et à écrire; qu'en une année alors les enfants, s'ils viennent régulièrement, si la maîtresse sait son métier, sauront tout autant lire et écrire que si on les avait contraints de pâlir sur l'abécédaire dès trois ou quatre ans. Au-dessous, c'est l'enseignement éducatif qui doit avoir la meilleure et la plus large place. Le fait est acquis; il ne peut plus y avoir de discussion sur les points suivants : jusqu'à cinq ans, la formation et le développement des facultés; l'éducation des énergies physiques et intellectuelles de l'enfant, jeux, causeries, éveil de l'attention, de l'esprit d'observation, de la notion d'altruisme, petites connaissances, première vue des réalités, surtout de celles de leur monde; en un mot, « l'école heureuse ». De cinq à six ans, commencement d'instruction proprement dite par la lecture et l'écriture. Après six ans, l'école obligatoire avec ses programmes, hélas! si compliqués et trop peu pratiques.

J'ai donc, dans l'espèce que je cite, accepté comme respectables et valables les raisons personnelles qui avaient conduit à l'entorse faite au règlement.

Je n'insiste pas pour ce qui regarde l'institutrice, mais les enfants? Ce sont les plus intelligents qu'on oblige à travailler plus tôt! D'abord de quel droit infliger à des petits un effort que l'hygiène, que la pédagogie, que les règlements proscrivent. De quel droit exiger d'eux une attention plus soutenue que celle qu'ils auraient à fournir en petite section? De quel droit remplacer pour eux les exercices éducatifs, reposants et bienfaisants qui correspondent à leur âge, par des exercices de tension intellectuelle le plus souvent au-dessus de leurs forces et auxquels ils se soumettent par nécessité, contre leur gré, et non spontanément, et en joie, comme il arrive dans la section inférieure? De quel droit remplacer pour eux un jeu par la lecture, — le pliage ou le découpage par l'écriture, — le plaisir par l'effort inutile et stérile? De quel droit les contraindre à vivre dans un milieu préjudiciable à leur développement normal et harmonieux? Parce qu'on veut donner des gages aux familles mal éclairées sur la vérité! Mais nous avons le devoir en pareille matière de former l'opinion des familles, et non de les suivre dans leurs erreurs.

Je répète encore ma question : « Pourquoi les a-t-on choisis? » — « Parce qu'ils sont plus intelligents. » — Mais s'ils sont très intelligents, il est inutile de les cultiver hâtivement; il faut ménager leurs ressources naturelles pour l'heure des efforts nécessaires; il faut se garder, sous prétexte de prendre les devants, de faire des chutes irréparables, d'épuiser la richesse native par des prodigalités fâcheuses. Laissez ces intelligences précoces chercher elles-mêmes leur aliment; elles le trouveront toutes seules; ne les énervez pas : ici, attendre c'est se fortifier pour les luttes à venir.

Enfin, et l'hygiène est d'accord en cela avec les pédagogues : Un cerveau d'enfant que l'on fatigue, disent les premiers, c'est un cerveau vite anémié et désormais stérile. — Un cerveau d'enfant qu'on oblige à voir trop tôt dans les livres, dit M. Payot, c'est un cerveau à qui l'on enlève les moyens de prendre connaissance de soi-même et du monde extérieur. — Et pourtant cette connaissance doit être le suprême objet de l'éducation dans la petite section de nos écoles maternelles. Pas d'enfants prodiges, mais des enfants observateurs, réfléchis, gais, à l'esprit ouvert! Donc, pas de doute; aucune raison de fond ne permet de choisir les petits les plus intelligents.

Alors me répond-on : « S'il faut faire un choix, on prendra les moins intelligents. » — Ceci paraît quelque peu paradoxal. « Mais, ajoute-t-on, ce sont des enfants à l'esprit obtus; ils ne sauront pas s'intéresser à ce qu'on fait en première section; il n'y a donc aucun danger de surmenage pour eux. » — Erreur. — D'abord vous ne montrez nul souci de leur intérêt. C'est votre convenance, votre bon plaisir qui vous guident. Vous les sacrifiez au désir qui vous poursuit de n'avoir qu'un petit nombre d'enfants dans les classes inférieures, pour vous épargner un travail que vous devez. Ensuite, s'ils sont débiles intellectuellement, ils n'en ont que plus besoin de vivre en petite section. Parce qu'ils ne comprendront pas, vous prétendez ne rien risquer contre eux en les plaçant plus haut! quelle morale! Il faut, au contraire, les éduquer lentement pour qu'ils se développent peu à peu, leur éviter le contact des enfants trop avancés, les contrastes désobligeants entre eux et leurs camarades, les comparaisons humiliantes qui créent les rancœurs, les tristesses, les jalousies, le manque de confiance en soi, — prendre garde que ces petits ne restent des timides, des apeurés mentaux, donc des infirmes. — Voilà de la besogne dont l'école maternelle ne serait pas fière, je pense!

Autre proposition. — Alors, on les choisira d'après leur taille. Cela aurait une apparence de raison : dans la première section les tables sont plus hautes; les enfants qui sont plus grands que la moyenne sont mal à l'aise à celles de la petite section, puisque nous n'avons pas encore établi des tables pouvant être élevées ou abaissées suivant la taille des occupants. Mais considérez que les enfants qui ont grandi trop vite sont presque toujours faibles physiquement : ils auraient donc particulièrement besoin de calme, de grand air, de repos absolu, et point du tout d'école, même maternelle, même en petite section. Ils sont obligés, parce qu'ils sont pauvres, de venir chez

nous et d'y vivre; au moins, protégeons-les, ménageons-les, ayons souci de leur débilité. Ils sont comme des plantes qui se sont développées vite, d'un baiser de soleil, mais qui sont d'une extrême fragilité, et qu'un souffle peut briser. Il y a pour eux disproportion entre leur âge et leur taille, comme il y a pour les plus intelligents disproportion entre l'âge aussi et ce qu'on prend pour de l'esprit. Sachons attendre; respectons l'enfant aussi bien dans son besoin de repos que dans l'action; laissons se consolider en lui les facultés qu'il paraît posséder un jour, une heure, mais qui ne sont souvent que fugitives, et qui, en tout cas, doivent être ménagées et non pas mises hâtivement en travail; l'exercice modéré, oui; le travail forcé, jamais.

Alors? — alors? Raisonnons par l'absurde pour faire notre preuve. Prenons, si vous le voulez, ceux qui auront les cheveux blonds, à moins que ce ne soient ceux qui les auront noirs; ou bien encore ceux qui auront les yeux bleus, ceux qui auront des chaussures bien cirées. Ce ne sera pas plus déraisonnable!

Pour moi, je ne saurais me déterminer, et je m'en tiens au règlement : c'est encore ce qui est le plus simple, croyez-moi; et si tout le monde voulait faire de même, cela éviterait bien des malentendus et du temps mal employé.

Comment on peut appliquer la circulaire du 22 février 1905.

Une matinée dans une école où on applique la Circulaire suivant son esprit et dans son intégrité (division de trois à cinq ans). — Il est neuf heures. Le personnel est à son poste, les enfants défilent dans la cour; — une femme de service se tient près des privés et les enfants y passent les uns après les autres sans que les institutrices interviennent directement. Puis les enfants entrent au préau, sans frapper du pied, sans chanter, tranquillement, en ordre, mais pas avec cette rigidité de mouvements qui plaît tant à l'œil et qui est si contraire à la nature de l'enfant. Il y a de l'ordre, assez; il n'y en a pas trop.

Ils s'avancent jusqu'au lavabo; là, ils passent devant la directrice, montrent leurs mains, le mouchoir; ceux qui ne sont pas propres sont envoyés au lavabo, après qu'une femme de service leur a enlevé le capuchon et le manteau qu'ils vont suspendre eux-mêmes à une patère, les plus grands aidant les plus petits; puis les rangs, un moment disloqués, se reforment et l'on s'en va en chantant vers les classes. J'entends aujourd'hui le chant de « Petit Pierre, la lumière déjà luit, etc. »

Neuf heures trente-cinq. — Les enfants sont

assis, et alors commence une leçon qu'ils écoutent volontiers : Que doit-on faire en entrant au préau? — comment les petites filles disent bonjour, — comment les garçons saluent; la leçon se fait très simplement, en termes clairs et bien compréhensibles, cinq ou six minutes environ. Et les enfants qui ont le mieux écouté, viennent à tour de rôle saluer. Ceux qui n'avaient pas écouté regardent; donc ils ont, ceux-là aussi, le bénéfice de la leçon, — d'une leçon par l'aspect. C'est tout à fait délicieux de voir avec quelle grâce les fillettes saluent et comment certains garçons se redressent crânement en portant la main à la casquette. L'exercice a duré dix minutes.

De neuf heures cinquante à dix heures. — L'institutrice, qui a pris une part active à la leçon, *et qui a besoin de se reposer*, distribue quelques cartons de forme rectangulaire et de couleurs différentes. Un dessin fait d'avance, et tracé en craie de couleur au tableau noir, est décrit aux enfants. Avant que l'explication soit finie, déjà quelques-uns ont tenté d'imiter ce qu'on leur montre. Sur mon conseil, l'institutrice les abandonne à eux-mêmes — les dix minutes sont écoulées; les enfants sont autorisés à garder les cartons dont ils se sont servis, à condition de les mettre dans le sac à jouets que chacun possède. C'est fait en un clin d'œil.

De dix heures à dix heures et demie. — Les

enfants ont repris leurs vêtements, et, chaudement enveloppés, ils se livrent dans la cour aux ébats qui leur plaisent après avoir passé naturellement par les W.-C., dont l'accès leur est permis sous la surveillance de la femme de service, qui reste là en permanence. — L'institutrice n'intervient que pour faire jouer des enfants qui resteraient volontiers assis ou pour consoler une fillette qui pleure.

De dix heures et demie à dix heures trente-cinq. — On se débarrasse de ses vêtements.

A dix heures trente-cinq. — Entrée en classe, chant et mouvements, mais chant calme; mouvements lents qui n'appellent pas l'agitation.

De dix heures quarante à onze heures. — Travail manuel : les balles.

Ici une difficulté se présente; elle est d'ailleurs résolue fort intelligemment par l'institutrice. Il y a 50 enfants, on ne peut les faire travailler tous, car c'est le début de l'année, et ils sont plus maladroits les uns que les autres. L'institutrice donne aux plus grands des balles à faire (la balle commencée porte le nom du propriétaire); elle en place un plus petit à côté avec également une balle à faire. Voilà environ 20 enfants qui sont occupés; — (la fois suivante, il y en aura peut-être 26) — elle donne des brins de laine de couleurs différentes à quatre enfants, chacun ayant une couleur particulière, et les envoie distribuer un brin de laine à ceux qui en ont besoin.

Et les autres, que vont-ils faire? C'est bien simple, on leur remet une balle pour deux, et sans bruit ils s'amusent.

A onze heures, les travaux en train sont rapidement relevés : mais la reprise des balles donne lieu à une scène amusante. L'institutrice passe dans les rangs, en restant à une certaine distance de ceux qui ont une balle. De leur place, ils doivent jeter la balle dans la corbeille; presque tous éprouvent une envie irrésistible de se rapprocher de la corbeille pour être sûrs de ne pas jeter la balle à côté. L'un d'eux, sourd à la parole de son institutrice, et comme hypnotisé par l'idée fixe de mettre bien la balle dans la corbeille, s'avance gravement, le bras tendu, jusqu'à toucher la corbeille; là il s'arrête, mesure de l'œil une distance imaginaire, puis d'un geste majestueux, il pose avec soin, délicatement, la balle dans le panier. — « Gugusse » n'aurait pas mieux fait! Quelques éclats de rire courent dans les bancs. L'esprit d'observation est donc déjà éveillé chez quelques-uns, et d'autres ont déjà le sens du comique.

Il est onze heures cinq. — Il reste dix minutes, c'est le jeu des boîtes. Celui-ci va ramener le calme, car les derniers incidents des balles avaient mis quelques-uns en joie; je crois bien même qu'un ou deux garçons avaient profité de l'hilarité générale à un certain moment pour esquisser une culbute.

Solennellement, d'une voix lente et volontairement un peu monotone, l'institutrice appelle quatre enfants qu'elle fait placer au bout des quatre intervalles que forment les tables. Puis elle met sur la tête des quatre personnages une boîte en carton léger. Il s'agit de faire alors le tour de la classe sans laisser tomber la boîte. L'exercice, qui est fait trois fois par des enfants différents, a le don de passionner les spectateurs et de les immobiliser; il permet à l'institutrice des études fort intéressantes au point de vue psychologique. — Un enfant subrepticement essaie de replacer sa boîte, qui est tombée, avec l'espoir de ne pas être vu. Telle fillette, vive et gamine, la fait tomber, la ramasse à plusieurs reprises, ce qui ne l'empêche pas d'arriver triomphante jusqu'au bureau de l'institutrice, dans l'espoir d'avoir une image. Voilà un gros garçon ennemi de l'effort : la boîte, à peine sur sa tête, manque de choir; alors de ses deux mains, placées de chaque côté de la tête, il la soutient et fait tranquillement le tour de la classe. Quelques petits, nés malins, le suivent en riant. Enfin un jeune homme de quatre ans, sage, correct, part d'un pas tranquille, sans tension apparente de volonté, sans contorsions musculaires il accomplit sans encombre la course et reçoit avec un calme plein de dignité l'image promise au vainqueur. Je le regarde attentivement, une lueur de joie brille au fond de ses yeux. Celui-là sera dans la vie un jouteur redoutable.

A onze heures vingt, on quitte la classe en chantant et on se prépare pour la sortie.

Le déjeuner et la récréation.

A ce moment (11 h. 20), les rangs se forment pour la sortie, et un certain nombre d'enfants se rangent sous la conduite d'une institutrice, qui les ramènera le plus près possible de la demeure de leurs parents — et surtout qui leur fera traverser les voies difficiles.

Un autre groupe est installé sur des bancs : ce sont les enfants qui attendent que les parents viennent les chercher.

Enfin un troisième groupe s'avance : ce sont les enfants qui prennent leur repas à l'école.

Ils vont d'abord faire un tour de cour; puis, bien en ordre, ils rentrent au préau et viennent se placer devant le lavabo près duquel se tiennent la directrice et une des femmes de service. Chaque enfant se frotte d'abord les mains dans l'eau, puis d'un geste rapide renverse la cuvette que la femme de service emplit d'eau fraîche; alors les petites mains bien propres sont passées sur le visage et font l'office d'éponge. Aussitôt, demi-tour sur soi-même, et chaque enfant reçoit un morceau de tissu blanc, proprement ourlé, avec lequel il s'essuie d'abord le visage, puis les mains ; ce linge est ensuite jeté dans un seau, et l'enfant prend en échange un petit rectangle en carton — plus petit qu'une correspondance d'omnibus — destiné à servir au nettoyage des ongles : ainsi les aliments ne seront pas souillés par la poussière ; n'est-ce pas ce que le congrès contre la tuberculose réclame? — ce que j'ai demandé moi-même bien des fois? Et vraiment ce spectacle est tout à fait réconfortant.

Il n'est pas possible que des enfants habitués à de tels soins de propreté, — à une telle hygiène, — ne se portent pas bien, et qu'ils ne soient pas plus tard d'une mentalité morale supérieure à celle de la génération précédente.

Mais combien il faut complimenter le personnel et la directrice qui ont accepté avec un empressement vraiment méritoire toutes les réformes qu'il fallait faire, disons mieux : qui ont cherché et trouvé tout ce qui était bien, tout ce qui était bon, — pour le mettre en pratique, sans mesurer leur peine, et sans ménager leur dévouement.

Il est si facile d'élever des objections contre des mesures qu'on ne veut pas comprendre, ou qu'on ne veut point réaliser, parce qu'elles coûtent des efforts! Il est si agréable d'opposer une autorité à une autre pour se ménager du repos, et pour continuer à vivre en compagnie de dame routine!

Bien autre est l'attitude de celles qui ont seulement en vue l'intérêt des enfants, et qui ont pensé : « Si ma fille, si mon fils, était là, dans l'école, voici ce que je voudrais qu'on fît pour lui ou pour elle; donc c'est ce que je ferai pour les enfants des pauvres gens. »

Celles-là sont des institutrices d'élite, et il faut les louer sans réserve.

Le service de midi.

L'article 10 du règlement scolaire modèle de 1887 dit textuellement que dans les écoles primaires la surveillance de midi incombe à l'instituteur et à l'institutrice.

Les raisons de cette prescription qui impose au personnel un service pénible entre tous, sont nombreuses. Il en est une que je note spécialement : c'est qu'il est de toute évidence que pendant cette surveillance — qui est d'ailleurs indispensable, — le maître qui s'intéresse à ses élèves peut leur donner des leçons d'éducation, de bonne tenue, etc., etc.

A l'école maternelle, la question est bien autrement importante.

L'institutrice doit non seulement veiller à ce

que l'enfant se tienne bien, à ce qu'il mange proprement, mais plus encore à la qualité, à la quantité des aliments qu'il doit absorber; elle veillera à ce qu'il ne quitte pas sa place sans avoir, par paresse ou par manque d'appétit, consommé la plus grande partie de ses aliments, pour être suffisamment nourri. La santé, le développement physique et intellectuel d'un enfant, dépendent de sa nutrition; l'institutrice ne peut pas s'en désintéresser.

Mais alors, même si on se décide à ouvrir la cage un jour ou l'autre aux collègues des écoles primaires, les institutrices maternelles ne jouiront donc pas des mêmes avantages?

Dans le paragraphe ci-dessus consacré aux « nurses à l'école maternelle » (p. 64) j'indique le moyen : les nurses étant destinées surtout à s'occuper de toutes les questions d'hygiène se trouvent désignées au premier chef pour remplacer l'institutrice dans ce cas : car nous voulons la nurse de valeur intellectuelle et morale égale à celle des institutrices[1].

Mais, me dira-t-on, les nurses ne sont point encore à l'école maternelle; les nurses que vous nous souhaitez, les aurons-nous jamais?

Qui sait? Espérons, tant de bonnes choses ont été faites! Celles-là hier! peut-être celle-ci demain.

1. Voir p. 65.

L'après-midi.

Une heure. — La récréation est terminée, la rentrée va s'effectuer, non avec cette précision mécanique qui a eu tant d'admirateurs et aussi tant de détracteurs, mais avec ce je ne sais quoi d'aisé, de facile, qui implique une idée d'entente entre les institutrices et les enfants. Je reviendrai sur ce point, qui a une importance capitale, et qui a besoin d'être bien élucidé. La cloche sonne; les enfants se groupent auprès de leurs institutrices, font un tour de cour en chantant et les rangs se forment; les enfants passent aux privés, l'institutrice les surveille; la femme de service les assiste; ils reviennent se grouper près de leur maîtresse, on passe au lavabo, etc.; c'est la même façon de procéder que celle du matin, inutile d'insister.

Une heure et demie. — Un chant, et les groupes se dirigent vers leurs classes respectives.

J'entre à la suite des enfants dans la première section. Ils s'asseyent après m'avoir gentiment saluée. La leçon va commencer; c'est un exercice de langage. L'institutrice va chercher une grande boîte en carton remplie de balles qu'elle a fabriquées, aidée par les élèves.

J'avoue que je m'inquiète : on vient de récréation, on est passé au lavabo, pourquoi dès maintenant jouer? Mais je garde ma remarque pour moi, et je ne fais aucune observation.

Sur un ordre de l'institutrice, les tabliers se tendent. — « A qui la balle rouge? » — « A moi », répond un garçon. — « A qui la bleue? » Chacun reconnaissant son bien le réclame et reçoit la balle dans le tablier.

Que va-t-on faire? « Mes enfants, dit l'institutrice, prenez votre balle par le fil. » Les petites mains s'agitent et voilà la balle qui se balance. — « Tendez votre bras. » Les bras se tendent. — « Élevez votre balle au-dessus de la tête. » Les balles s'élèvent. « Placez-la sur la table. » Les balles sont posées immédiatement; etc., etc.

Puis l'interrogation commence : « Henri, regarde : où ai-je mis ma balle? — Madame, au-dessus de votre tête. — Berthe, où est placée ma balle? — Madame, sous la table »; etc., etc.

Lorsque la leçon a duré suffisamment, les enfants sont abandonnés à eux-mêmes, et tranquillement ils jouissent du plaisir de tenir la balle dans leurs mains, de la regarder, de la faire sauter ou rouler sans s'occuper si elle doit aller à droite ou à gauche.

Me voici satisfaite.

Cette dernière partie de l'exercice a un peu agité mon petit monde. Les balles sont relevées. On va passer à autre chose.

Une heure quarante-cinq. — Un chant.

Une heure cinquante. — L'institutrice prend un cadran d'horloge et explique ce que c'est qu'une horloge, une pendule, une montre, comment on voit l'heure, etc. Pendant ce temps elle a fait mouvoir les aiguilles. Elle a d'ailleurs dessiné au tableau à peu près toutes les choses dont elle a parlé. Le calme et l'attention ont été suffisants. Ceux que cela n'a point intéressés n'ont naturellement pas écouté; ils ont pensé à leurs petites affaires d'enfants, et reposé leur esprit. Je ne m'en plains pas.

Aux mots de montre en argent, montre en or, presque tout l'auditoire a pourtant repris une physionomie attentive. Une brunette nous déclare que, lorsqu'elle sera grande, elle aura une montre, mais pas une montre en argent, une montre en or. Et pendant que j'observe le pauvre petit visage tiré, les petites mains maigres qui sortent du tablier usé, je me demande où cette petite âme de Parisienne a pris cette ardeur de convoitise qui agrandit ses yeux et les fait briller d'une flamme plus vive.

Je n'ai pas le temps de m'attarder dans mes réflexions, chacun voulant dire quelque chose. L'institutrice ramène ses bambins au calme avec un chant. C'est fini pour aujourd'hui. L'étude de l'horloge a épuisé le temps qui lui était destiné.

Deux heures dix. — L'institutrice demande à

ses élèves si ce n'est pas le moment de s'occuper de leurs enfants. Il faut que je dise tout de suite que ce sont de mignonnes poupées qui ont une tète, une robe, un manteau, point de visage, et dont on ne voit ni les bras ni les jambes — et pour cause; — dans l'ensemble, elles ont l'aspect de personnes en dominos et évoquent des idées de bal costumé. Alors, méthodiquement, avec un chant pour accompagnement, on s'en va chercher les poupées; chacun a sa fille. Sur mon désir, on abandonne les enfants à eux-mêmes après leur avoir dit que leurs poupées s'étant ennuyées d'être seules depuis si longtemps, il faut leur raconter une belle histoire, mais tout bas. Alors, garçons et filles prennent leurs enfants dans les bras, les bercent, leur parlent. Quelques garçons, sans y mettre aucune forme, lancent la poupée en l'air; un autre campe la sienne devant lui et la regarde d'un air stupide. Évidemment, il ne sait que lui dire, ni que faire. Mais le plus grand nombre des garçons et toutes les filles se mettent à jacasser, qui avec sa poupée, qui avec son voisin et sa voisine. — On peut bien aimer ses enfants, n'est-ce pas? mais cela n'empèche pas tout de même de voisiner un peu. Une délicieuse fillette est depuis quelques instants en grande conversation avec sa poupée; de temps à autre un rire fuse de ses lèvres; elle communique des choses vraiment intéressantes à sa fille, c'est certain. Mais quoi?

(Oh! la bonne humeur, quelle précieuse chose!) Nous allons bientôt le savoir. La maîtresse va questionner les bambins, car il faut les obliger à parler. — « Léon, qu'est-ce que tu as raconté à ta poupée? » « Louise, qu'as-tu dit à ta fille? » Et chacun s'efforce de répondre pendant que d'autres se sont assis sur le dossier de leur table pour bercer commodément la poupée bien-aimée. Les réponses sont quelconques; évidemment, ma présence nuit à la spontanéité. Enfin, nous arrivons à notre petite espiègle; et après bien des efforts nous apprenons qu'elle a promis à sa poupée — devinez? — de la mener à la fête et de lui acheter deux sous de pommes de terre frites.

Involontairement, mes yeux quittent la gentille enfant — dont la tenue soignée contraste avec ce désir : « acheter deux sous de pommes de terre frites » — pour se tourner vers la pauvrette qui, tout à l'heure, « voulait une montre en or ».

Elle semble regarder dans le vide! Quelles mains délicates il faut avoir pour manier ces petites âmes! D'ailleurs, l'institutrice s'y emploie avec zèle et intelligence. Chaque confidence amène une réflexion, un conseil. Ce n'est pas la leçon de morale qui s'adresse à tous sans toucher personne; la parole bienfaisante s'inspire de chaque cas particulier et va à l'âme de chacune; c'est une erreur qu'on redresse, c'est un encouragement qu'on donne, la personnalité de tous ces petits êtres peut s'épanouir en pleine liberté.

Deux heures et demie. — Récréation libre sous les yeux d'une institutrice.

Trois heures à trois heures et demie. — Travail manuel.

Trois heures et demie à quatre heures. — Chant, mouvement, etc.

Dans cette classe on avait lû, écrit et compté le matin.

Est-ce que l'après-midi n'a pas été ce que vraiment il doit être pour des enfants qui ont encore le droit d'être des enfants?

CHAPITRE V

L'ENSEIGNEMENT

Les programmes primaires. — Chaque jour est un tout. — Le travail manuel. — Comment on fait un nœud. — Les pauvres petits pieds. — L'enseignement à l'école maternelle et à l'école primaire. — Leçon de choses. — La lecture. — La mémoire, la récitation. — L'histoire. — L'art à l'école. — La danse à l'école maternelle.

Les programmes primaires.

Les programmes de l'instruction publique en France sont assurément les plus chargés du monde entier.

Depuis un demi-siècle, surtout depuis 1880 et 1881, on a ajouté à l'ancien fonds du savoir humain toutes les connaissances qui résultent du progrès sous toutes ses formes.

Le progrès se continuant, la matière des études s'étend chaque jour ; les programmes débordent et déborderont de plus en plus.

Le fait est si constant que les anciennes spécialisations d'autrefois se multiplient et se fractionnent pour les maîtres. Ils ne sont pas seulement de l'ordre des lettres, de l'ordre des sciences ou de l'ordre des langues vivantes. Ils sont obligés dans les lettres de limiter leurs études à la philosophie, ou à l'histoire, ou à la géographie, ou à la littérature, ou à la grammaire; dans les sciences, aux mathématiques, ou à la physique, ou à la chimie, ou aux sciences naturelles; dans les langues vivantes, à l'allemand, ou à l'anglais, ou à une autre langue.

Pour les élèves, il en va autrement : ils sont contraints de connaître tout le programme dans ses détails; chacun des maîtres auxquels il a à répondre est un spécialiste, qui ne consent à faire aucun sacrifice dans sa spécialité. Il faut que l'élève sache en chaque chose tout ce qui a frappé l'esprit de son professeur. Il succombe sous la charge. Il lui est impossible de suffire à tant d'exigences, et en fin de compte il sait mal ce qu'on veut qu'il sache. Des professeurs réputés avouent d'ailleurs volontiers qu'ils ne se chargeraient pas de répondre à toutes les questions qui sont posées à leurs élèves aux différents examens et concours auxquels ils se présentent.

Il devient donc d'une nécessité impérieuse, sous peine de stériliser ou tout au moins de fausser notre enseignement, d'alléger les programmes.

Ces considérations générales s'appliquent à tous les ordres d'enseignement; mais c'est seulement de l'école primaire que je veux parler ci-après.

Le besoin, a-t-on dit justement, crée l'organe. Il faut donc se rendre compte des besoins des classes populaires pour déterminer ce qu'on doit apprendre aux enfants des écoles.

En principe, le but de l'enseignement doit être de munir l'enfant des connaissances pratiques qui lui seront indispensables lorsqu'il sera entré dans la vie et qu'il aura à se suffire.

Or tel n'est point assez le résultat qu'il fournit aujourd'hui, si remarquables que soient les succès d'instruction obtenus par nos élèves dans les examens et les concours. Il est trop théorique et pas assez pratique. On s'attarde à des théories savantes, à des démonstrations dont l'enfant n'a pas besoin de posséder le mécanisme et qu'il ne retient que pour le jour de l'épreuve publique. Il se hâte de les oublier ensuite. C'est une gymnastique de l'esprit, dira-t-on. Oui, sans doute; mais c'est une gymnastique excessive, donc fatigante, et en tout cas sans profit. « C'est en forgeant qu'on devient forgeron »; mais le forgeron s'exerce aux choses mêmes qui lui sont directement utiles. Est-ce que la mère fait à son fils la théorie du mouvement pour lui apprendre à marcher? Est-ce qu'il ne doit pas suffire que l'écolier sache faire la preuve d'une multiplication par 9, et est-il utile de lui en apprendre la théorie? Je suis ennemie de l'enseignement machinal et purement mnémotechnique; mais je ne vois pas plus la nécessité de faire aux enfants, avant le certificat d'études, la théorie du carré de l'hypoténuse, que celle de l'accord du participe ou de toute autre règle grammaticale, ni celle encore de le contraindre à savoir par le menu l'histoire des Mérovingiens ou la géographie de la Chine.

Pourquoi ne pas élaguer résolument de nos programmes élémentaires tout ce qui est connaissance de luxe ou théorie savante? Ils en contiennent, soyez-en sûrs. Pourquoi ne pas considérer comme des axiomes, comme des vérités établies, certaines conclusions dont on enseignera plus tard, à l'âge adulte, les origines et la démonstration. La terre tourne, c'est acquis; tout le monde le sait; il n'est pas besoin de le démontrer aux enfants; vous leur parlerez du pendule du Panthéon, ils ne comprendront pas s'ils ne l'ont pas vu. Et ils ne peuvent pas tous le voir. On attelle un cheval à une voiture; le cheval marche, les roues tournent; l'enfant le voit : il n'est pas besoin de lui expliquer le principe mécanique. On pourrait multiplier les exemples.

Dégagé de la théorie, l'enseignement serait aisément rendu plus pratique, grâce à l'économie de temps. Et qu'on ne se méprenne pas. Ceci ne veut pas dire qu'on ne donnerait jamais aux élèves la raison des choses; c'est une question de sage mesure. Et si on la leur donne, on n'exigera pas strictement qu'ils la retiennent; qu'ils la comprennent, cela suffit pour le moment : ils la retrouveront plus tard. On trouverait ainsi, je le répète, la place nécessaire pour introduire dans les programmes les choses mêmes qui tiennent à la vie de tous les jours, ou, si elles y sont, pour les renforcer.

C'est ainsi que dans les écoles de filles toutes les connaissances spéciales qui sont le propre de la femme devraient être placées en tête du programme; c'est un vœu qui m'est cher, que je formulerai chaque fois que j'en aurai l'occasion; il se réalisera un jour, comme aussi on ne fera plus travailler les enfants trop jeunes.

Chaque jour est un tout.

Il m'arrive souvent d'entendre dire ceci : « Madame l'inspectrice, c'est désolant; cet enfant *ne fait pas de progrès;* il manque constamment; sa maman le garde à tout propos et hors de propos : tantôt, c'est à cause de la pluie; une autre fois, c'est à cause du froid; ou bien l'enfant a un peu toussé; ou bien le temps est beau et on va le promener. Il ne peut donc pas faire de progrès. »

Invariablement je réponds : « Allons, tant mieux; voilà un heureux bambin dont le cerveau ne sera pas fatigué trop tôt, et une heureuse maman qui a le temps de s'occuper de son enfant. » Et j'ajouterais, si l'on devait faire compliment aux gens d'avoir le moyen d'être heureux : « Faites à cette maman et à cet enfant tous mes compliments. »

Invariablement aussi, l'institutrice à laquelle je réponds cela, est mécontente. Pourquoi? En tant que mère et en tant que femme, elle est tout à fait de mon avis; tellement de mon avis que, si elle était libre, celle-ci ou celle-là qui a un petit enfant, le prendrait par la main et irait le promener par les jours de soleil, ou bien le blottirait sur elle, au coin du feu, par les jours tristes d'hiver.

Alors? Alors elle a répondu comme une institutrice qui croit qu'elle a devant elle des enfants venus là pour faire des progrès!

— Eh! oui, nous sommes d'accord : l'enfant qu'on lui confie doit faire des progrès; mais, où nous différons, c'est sur la nature des progrès, sur la manière dont ces progrès doivent être faits. Sont-ce des progrès en lecture, en écriture? Je veux bien, si les enfants ont de cinq à six ans. Mais il ne faut pas oublier que ces enfants, n'ayant pas six ans, *ont droit* au repos, au soleil, à la promenade. Par conséquent, dites tout simplement, si vous entendez qu'il s'agit de progrès en lecture ou en écriture : « Cet enfant ne sait que peu de chose; sur tant de jours de classe il n'est venu que tant de fois. » Et c'est tout. Pas de commentaires qui tendraient à faire croire que l'école maternelle est obligatoire, et qu'il faudra un jour ou l'autre inventer des moyens de répression très graves pour forcer les mères à y envoyer leurs enfants, quand elles peuvent les garder chez elles.

Si les enfants sont venus régulièrement, c'est qu'ils appartiennent à des familles qui ne peuvent pas les garder. Ceux qui ne feront pas de progrès — je comprends toujours qu'il s'agit de lecture ou d'écriture, — c'est qu'ils sont de cerveau plus faible, ou de santé plus délicate, etc., etc. Une institutrice qui a fait lire et écrire comme il convient — et aussi peu qu'il convient — obtiendra des progrès au bout de peu de temps, à la fin de l'année en tout cas, — qu'elle en soit sûre, — avec les élèves bien constitués et présents.

Mais l'école maternelle se tromperait étrangement sur son rôle si elle se figurait qu'elle doit renoncer à faire faire des progrès aux petits enfants qui ne viennent pas régulièrement. C'est une erreur complète.

Les progrès, à l'école maternelle, se font au jour le jour; s'il n'y en a pas eu hier, s'il ne doit pas s'en produire demain, il peut y en avoir aujourd'hui. Les leçons ne doivent pas, comme dans un cours, s'enchaîner, se soutenir ou s'éclairer les unes les autres. Elles doivent former chacune un tout complet et harmonieux.

Une maman qui instruit ses enfants tout en causant, ne se préoccupe guère de ce qu'elle a dit les jours précédents; elle cause sur ce qu'elle a à portée de la main, sur la chose qui a attiré l'attention du bébé. Tant mieux si les causeries précédentes permettent de mieux comprendre ce qu'elle dit; tant mieux si le petit cerveau, qui sort des ténèbres, s'illumine plus facilement; mais il est certain que ce qui intéresse, c'est le progrès du jour, le progrès du *présent*, tous ces *présents* étant destinés à former un écolier dans l'avenir.

Qu'on me permette une comparaison qui, pour être familière, n'en paraît pas moins juste. En dehors de ses avantages moraux, l'école maternelle est pour le petit enfant comme le théâtre où chaque jour se joue une pièce nouvelle, ce qui permet de n'y pas aller tous les jours, et les jours où l'on y va, d'en tirer « profit ou distraction ».

Vous voyez d'ici quel riche parti, si cette conception était celle des institutrices, elles pourraient en tirer pour le développement intellectuel et moral des petits!

Quel zèle, quel entrain, pour que ces petits retirent quelque « distraction ou profit » de cette journée passée à l'école! Et surtout comme elles ne se décourageraient pas quand la classe est aux trois quarts vide, lorsque la salle de spectacle n'est pas comble! « Vite, diraient-elles, occupons-nous de ces pauvres petits qui seraient si bien chez eux et que la misère éloigne du foyer maternel. Pour eux, ce que j'ai de meilleur dans l'esprit, les paroles les plus chaudes de mon cœur, car la vie leur sera dure! Tout en les faisant sourire, j'essaierai de les rendre plus intelligents et meilleurs. »

Cela — comme toute chose de cette éducation maternelle — est difficile; le progrès n'est pas chose matérielle; on ne le saisit pas tout de suite; on travaille souvent dans l'imprécis, dans le vague quant aux résultats; mais aussi on travaille avec l'unique préoccupation de faire du bien à ceux qui en attendent de nous. Pour cela, il faut se donner, se surveiller soi-même, avec une conscience très hautaine qui ne permette pas les défaillances, les indifférences plus coupables encore. Il faut vouloir remplir sa tâche de son mieux et ne pas se contenter de faire peu. Faire pour le mieux, c'est faire toujours bien, quand ce vouloir du mieux est conscient et éclairé.

Le travail manuel à l'école maternelle.

Si nous considérons l'horaire de nombre d'écoles maternelles, tel qu'il existait il y a quelques années, nous voyons à la fin de la journée, de trois heures et demie à quatre heures : *Travail manuel.*

Il semble que toutes les matières du programme qui s'étalent aux autres heures de la journée aient comme poussé hors du cadre le travail manuel.

De trois heures et demie à quatre heures, que peut-on faire? « Rien », répondent les institutrices.

En effet, dans une classe de 40 élèves, il faut plus d'un quart d'heure pour distribuer les fournitures du travail manuel; la cloche sonne à quatre heures moins cinq; il n'y a même pas le temps d'expliquer aux enfants ce qu'on souhaite qu'ils fassent.

Les directrices ont fort bien compris que l'horaire proposé par l'administration n'est qu'un tableau indicateur qui a pour but simplement de diviser les matières du programme, et qu'elles ont non seulement le droit, mais le devoir, de l'utiliser, de le remanier suivant les exigences des saisons, de l'éclairage, etc., — que cet horaire doit être le même pour certaines divisions de l'école, mais qu'il faut tenir compte de la faculté d'attention des enfants pour placer telle ou telle matière à la fin ou au commencement de la journée, ou bien encore du degré d'importance qu'on lui accorde, — et elles l'ont modifié sur mes indications.

La demi-heure consacrée au travail manuel est maintenant bien placée.

Mais en fait cet exercice, avec une seule demi-heure, n'a pas le temps qu'il mérite dans l'enseignement de l'école maternelle.

Voici pourquoi.

Le travail manuel est un des plus puissants moyens éducatifs dont on puisse se servir pour développer les facultés d'enfants qu'on n'atteint que fort peu par le raisonnement.

Il met en jeu la volonté; l'enfant *veut* (ils veulent tous, les exceptions sont rares) faire ce qu'on lui montre : il apprend donc à vouloir, à diriger sa volonté dans un sens qu'il se détermine à lui-même; (un enfant ne *veut* pas apprendre à lire, il apprend à lire par la force des choses); il développe l'esprit d'imitation; il développe l'habileté des doigts; il oblige au soin, à la réflexion, à la patience; il éveille le goût; il répond à ce besoin constant de l'enfant de créer, de faire quelque chose; il lui donne la satisfaction de posséder, de montrer une chose qu'il a faite lui-même; il lui fait connaître la joie de donner, car souvent l'enfant donne à sa mère le travail fait à l'école : il donne avec satisfaction ce qu'il a fait lui-même, il ne se dépouille pas de ce qu'on lui a donné.

Et l'enfant met bien plus que nous ne le pensons de sa personnalité dans son œuvre. Ou tout au moins sa personne apparaît pour lui-même d'une façon palpable dans l'œuvre qu'il a créée.

Donc la volonté, la réflexion, l'esprit d'imitation, l'habileté des doigts, le soin, la patience, le goût, la joie de créer, la satisfaction de donner, sont éveillés par le travail manuel, sans que le corps soit contraint à une tenue toujours la même comme dans l'écriture, — sans que l'esprit soit obligé à une attention de toutes les minutes, sous peine de perdre le fruit de l'enseignement comme dans le calcul, ou dans la leçon de choses sans choses, vide de sens pour l'enfant, et dont la signification se trouve dénaturée.

Et l'on pourrait suivre ainsi tout le programme, à l'exception du chant, du dessin et de la gymnastique, qui, pour être autres que le travail manuel, n'en répondent pas moins à de véritables besoins de l'âme ou du corps de l'enfant.

Enfin le travail manuel oblige l'institutrice à être en contact direct, personnel, avec l'enfant; pour chacun il faut qu'elle trouve l'explication qui convient; ce qui convient à celui-ci ne convient pas à celui-là; elle fait de l'enseignement particulier — ce qui doit être à l'école maternelle — et rien ne touche plus l'âme de l'enfant que cette attention qui est « pour lui », rien ne le rend plus fier et plus désireux de bien faire.

Que les institutrices non convaincues suivent tout un jour leur programme en mettant le travail manuel en place convenable; qu'elles fassent cela, « leur conscience présente », c'est-à-dire sans mauvais vouloir, sans parti pris, avec le désir d'être dans la vérité; qu'elles comptent pendant chaque leçon combien d'enfants restent inactifs ou indifférents; — et puis qu'elles regardent les enfants à l'heure du travail manuel : pas un ne sera inoccupé ou indifférent, tous, dans la mesure de leurs moyens, prendront part à l'enseignement; et s'il en est qui ne comprennent pas, leurs doigts et leur pensée ne resteront pas inactifs, ils créeront quelque chose d'autre, mais ils feront quelque chose, et cela chez les tout petits. J'ai vu des bambins de trois ans froisser du papier, le déchiqueter de leurs petits doigts malhabiles, et venir triomphants apporter les petites feuilles de papier ainsi préparées pour qu'on les leur enfilât sur un fétu de paille qui faisait rôle de tige : c'était délicieux de les voir ensuite la mine réjouie, les yeux rieurs, contempler en extase les belles fleurs qu'ils avaient faites.

Les défauts du travail manuel sont d'imposer aux institutrices une préparation qui est longue souvent; c'est aussi d'être plus fatigant que les autres leçons. Nul n'en disconvient. Mais pour bien des institutrices ce n'est pas un obstacle; elles n'en sont plus à mesurer leur dévouement. Cette fatigue-là est une des plus saines, une des plus productives de bien : c'est pourquoi elles l'acceptent du meilleur cœur.

Comment on fait un nœud.

Et ainsi, elles obtiennent, pour la plupart, d'excellents résultats. Les enfants comprennent et exécutent assez facilement ce que leur montre à faire leur maîtresse de classe.

Je crois cependant, que le succès serait encore plus complet, plus rapide, — ce qui est important pour l'éducation de l'enfant, — si, pour démontrer ce qu'elles veulent enseigner, elles se servaient plus souvent de la craie de couleur, et si elles employaient le tableau noir (en tant que surfane plane) pour exécuter le travail, comme l'enfant se sert de sa table pour y appuyer son ouvrage.

Pour me faire mieux comprendre, je prendrai le très simple exemple de l'exercice élémentaire : faire faire aux enfants un nœud.

Cela peut être une très courte leçon, tout à fait insignifiante et cependant très fatigante pour l'institutrice si elle se contente de tenir un brin de laine dans la main, de l'élever devant les enfants et de leur dire : « Voyez-vous, pour faire un nœud, on fait comme ceci et comme cela. »

— « *Comme ceci et comme cela!* » si les enfants ne savent pas d'avance faire un nœud, ils n'auront rien compris et la maîtresse sera obligée d'aller près de chaque enfant, de se pencher sur lui, et de lui donner une leçon particulière.

Il peut en être autrement.

Voulez-vous que nous voyions ensemble comment il faut faire?

1° Je distribue les bouts de laine;

2° On dispose le bout de laine dans le sens que j'indique;

3° Pour montrer la position du bout de laine, je trace sur le tableau :

a) Un carré assez grand représentant le bureau, c'est-à-dire la table de l'élève;

b) Un trait de couleur qui est le bout de laine;

4° Je m'assure que le bout de laine est bien placé devant chaque enfant d'une façon semblable à celle du tableau;

5° Je dessine au tableau le bout de laine dans une deuxième position, analogue à celle du *C* majuscule, écriture anglaise, dont la partie inférieure serait presque droite;

6° Les enfants exécutent, toujours à plat, le même mouvement avec la laine;

7° Par un dessin nouveau j'amène la partie inférieure du C jusqu'à la boucle;

8° Je fais faire le même mouvement par les enfants avec leur laine;

9° Un autre dessin, et la partie inférieure du C, remontée jusqu'à la boucle, entre dans la tête du C en passant en dessous de la tête;

10° Je m'assure que ceci est compris.

11° Alors je fais poser :

a) La main gauche sur une des extrémités de la laine ;

b) La main droite sur l'autre extrémité ;

Le bout de laine est toujours à *plat* sur la table.

12° Je dis :

a) Tirez maintenant les deux extrémités du bout de laine.

Le mouvement s'exécute.

b) Gardez le bout de laine dans la main droite seulement.

c) Levez la main qui tient le bout de laine.

Les enfants ont au bout des doigts le nœud qu'ils devaient faire.

Résultats : d'une part ils ont la joie d'avoir compris ; d'autre part, ils ont discipliné et fixé leur attention, exercé leurs doigts, sans que leur esprit se soit lassé. Ils ont été raisonnables ; l'institutrice n'a pas été fatiguée.

Elle a cependant fait une véritable leçon, qui vaut, croyez-moi, beaucoup plus qu'une leçon d'histoire, et pour laquelle il lui a fallu déployer de l'intelligence, montrer un esprit ordonné, de l'ingéniosité qui permettront de la noter en toute connaissance, beaucoup mieux que lorsqu'on l'aura entendue faire une leçon de lecture, qu'une collègue moins bien douée — voire routinière —

pourrait faire tout aussi bien qu'elle. Ce sont ces exercices d'initiative et d'ingéniosité qui donnent la mesure véritable de la valeur d'une institutrice maternelle.

L'enseignement doit être ainsi compris à l'école maternelle, — et il ne faut pas que celles qui ne sont pas encore initiées craignent l'insuccès et se découragent : — qui veut peut. Nous avons seulement besoin de femmes actives, intelligentes, qui s'intéressent à ce qu'elles font. Tout le monde peut faire un effort en ce sens.

Les pauvres petits pieds.

Vous êtes rentrée ce soir, madame, après votre classe, très fatiguée, à la maison. Votre visage porte l'empreinte de cette fatigue ; vous êtes presque morose, et un rien vous ferait perdre votre calme.

Tout de suite, vous vous êtes assise, bien lasse dans un fauteuil ; vos regards ont erré à gauche, à droite ; vous avez vu que telle ou telle chose vous sollicitait ; vous avez pensé que ce ne serait pas, hélas ! pour longtemps que vous pourriez vous reposer, — et puis, même, qu'il valait mieux vous employer tout de suite à ce qu'il y avait à faire ; alors vous vous êtes levée avec résignation pour reprendre l'autre tâche quotidienne.

Lentement, soigneusement. vous avez défait vos vêtements, vous avez rafraîchi votre visage et vos mains, redonné un peu de tenue à votre coiffure, passé une robe de maison et mis des pantoufles, de bonnes pantoufles; leur sensation de douce chaleur, d'aisance, a fait courir en vous un sentiment de bien-être! Votre visage n'est plus morose, vous vous sentez pleine de courage pour accomplir les occupations de ménagère qui vous appellent.

Le bien-être, la détente physique, le courage retrouvé, tout cela vous vient des soins de propreté que vous avez pris, du vêtement ample que vous avez mis; mais surtout, croyez-moi, de vos pantoufles, de vos bienheureuses pantoufles qui sont fées puisque depuis qu'elles remplacent vos bottines, vous vous sentez plus active, plus souple, plus jeune, car le sang circule mieux dans votre corps! Si vous voulez bien réfléchir à ce que je vous dis, vous en sentirez toute la justesse.

Alors, quoi? Qu'est-ce que je veux? car ce que je vous en dis, au fond, n'est point une nouveauté ; on n'y pense pas, voilà tout : on met des pantoufles et on s'en trouve bien, rien de plus simple. Oui, mais si vous y prenez garde, est-ce que demain dans votre classe, quand, à ce commencement d'automne, vous entendrez le claquement désagréable des galoches des enfants, vous ne les regarderez pas avec un sentiment nouveau? Est-ce que vous ne direz pas : « Pauvres petits pieds! Toute la journée enfermés là dedans, comme ils doivent être las! Et encore si c'était seulement aux heures de classe, ce serait déjà beaucoup; mais enfin ce serait supportable pour eux. Seulement les pauvres petits pieds, dès le matin, sont enfermés, et tout le jour ils garderont cette lourde armature de cuir et de bois. Ce soir, pauvres petits, ils ne connaîtront pas le délassement délicieux que procurent les pantoufles. Après être allés claquant le sol, de-ci, de-là, à l'école, ils rentreront à la maison et continueront à produire ce bruit fatigant pour l'enfant qui en souffre sans même s'en rendre compte. »

Et vous redirez avec moi : « Pauvres petits pieds! »

Que faire? Il est impossible pour le moment de demander aux Caisses des écoles de donner d'autres chaussures; les galoches sont relativement d'un prix peu élevé et leur semelle de bois est une protection sûre contre l'humidité.

Donc, pour la rue, et hélas! pour l'école, les enfants seront longtemps encore condamnés aux galoches. Mais à la maison, pourquoi n'auraient-ils pas ces chaussons si agréables, ces pantoufles si reposantes et si calmantes?

Parce qu'ils n'ont personne pour leur en donner; eh bien! c'est simple, si personne ne leur en donne, qu'ils en fabriquent! Mais oui, qu'ils en fassent pour eux-mêmes; non pas les tout petits, ils ne le pourraient pas, — et encore! pourtant, — ne demandons pas ce qui paraît impossible, mais les moyens, mais ceux de cinq à six ans. Pourquoi pas?

Il y a plusieurs métiers à tisser qui me paraissent propres à la fabrication de jolis chaussons; je ne veux pas leur faire de réclame, j'ai seulement en vue le repos des pauvres petits pieds, galochés, et par conséquent martyrisés toute la journée.

Avec ces métiers, il y a un point qui donne une sorte de tresse plate et large. Il suffirait de réunir ces tresses bord à bord — et c'est un travail facile — pour faire la semelle semblable à celles des pantoufles de bain, — comme on en fait en roseau pour les enfants des riches; de se servir de bandes pareilles placées et transversalement et en arrière de la semelle, pour avoir avec du raphia des babouches ou des pantoufles absolument exquises à porter. A l'intérieur de ces légères chaussures on mettrait un peu de tissu, au besoin du papier fort. Que sais-je? L'industrie des institutrices est immense et la bonne volonté fait des miracles! Et ainsi nos bambins auront des pantoufles, grâce à vous, mesdames. Le soir, en rentrant chez vous, quand vous glisserez vos pieds fatigués dans les vôtres, c'est avec un sourire de satisfaction que vous penserez à ces « pauvres petits pieds » pour lesquels je vous demande aujourd'hui la charité[1] !

L'enseignement à l'école maternelle et à l'école primaire.

Tout le monde n'a pas été de mon avis au sujet des « pauvres petits pieds ». J'ai reçu une lettre me critiquant ferme. Je vous affirme bien que ma correspondante anonyme ne s'est pas gênée pour me dire ce qu'elle pense.

Mais qu'est-ce que vous voulez décidément, madame? s'écrie-t-elle. Vous nous demandez de faire de nos écoles des succursales d'atelier! Vous voulez transformer les enfants en ouvriers! A quoi bon des institutrices pour ces écoles, alors? etc., etc. Je donne seulement les récriminations les plus énergiques.

Il m'en est venu d'autres depuis, dans le même ordre d'idées; et c'est à ce groupe que je répondrai. Quant aux correspondantes qui approuvent, je n'ai qu'à les remercier.

Non, mesdames, je ne veux pas transformer l'école maternelle en un atelier; non, je ne veux pas faire de vous des contremaîtresses pour diriger

1. Mon appel a été entendu et, dans nombre d'écoles, on a exécuté de délicieux petits chaussons.

ces ateliers. Je veux dans nos écoles des institutrices, parce que je tiens à être assurée d'une supériorité intellectuelle, le brevet — et à plus forte raison le brevet supérieur — étant comme une police d'assurance contre l'incapacité, au profit des petits enfants.

Non, je ne veux pas transformer nos élèves en ouvriers; il n'y a travail que s'il y a salaire; il n'y a obligation au travail pour les écoliers petits et grands que s'il y a punition ou même simplement réprimande quand la tâche demandée n'est pas faite. Occuper les doigts, habituer l'enfant à la joie de créer, lui donner l'orgueil de posséder une chose qu'il a faite, et ainsi l'éduquer, montrer aux parents qu'à l'école maternelle l'enfant ne perd pas son temps — (combien est grande l'erreur de ceux qui, demandant l'égalité pour tous, veulent que dès le plus bas âge leurs enfants soient comprimés et assujettis), — n'est-ce pas là le meilleur résultat du travail manuel? Je n'en veux pas d'autre : quand, en plus de ce résultat d'éducation, ce travail apporte du bien-être comme dans le cas des pantoufles dont j'ai parlé, c'est un profit qu'il ne faut pas dédaigner.

Mais de cela à transformer l'école maternelle en atelier, il y a un abîme. Ce qu'il faudrait transformer, c'est l'enseignement. Ce que je me refuse à admettre c'est qu'à l'école maternelle on fasse des classes primaires pour occuper le temps. Je n'ai pas cessé de penser que donner cet enseignement avant l'heure à l'école maternelle est la plus grande erreur physiologique et pédagogique qu'on puisse commettre. M. Payot a dit que vouloir apprendre à lire à l'enfant trop tôt, au lieu de lui apprendre « à débrouiller son moi », était une lourde faute. Je suis plus affermie que jamais dans cette croyance.

Cependant il faut, dira-t-on, penser au certificat d'études, et y préparer de très loin les enfants.

J'y pense, soyez-en sûrs.

Seulement, je considère, comme beaucoup d'autres, que le certificat ne peut avoir vraiment de valeur que si l'enfant s'est assimilé le programme — s'il a eu le temps de digérer tout ce qu'on déverse dans son pauvre esprit, en vue d'une épreuve dont le succès intéresse les familles sans doute, mais les maîtres peut-être davantage.

Un des arguments qu'on a opposés à la transformation des écoles maternelles prescrite par la circulaire du 22 février 1905 c'est que « les enfants seront en retard pour passer le certificat d'études ».

Cela n'est pas exact. L'enfant n'est pas matière scolaire avant six ans, et il peut, entre cinq et six ans, apprendre sans fatigue tout ce qu'on aurait tenté de lui enseigner auparavant. C'est surtout l'éducation de ses facultés, de sa nature, qu'il faut faire auparavant.

Mais, si c'était vrai, je ne m'en plaindrais pas pour ma part : âgés d'une année de plus, les candidats seraient plus mûrs et ils auraient vraiment chance de savoir des choses qu'ils croient comprendre aujourd'hui et qu'ils voient totalement à faux.

Il y aurait, de cette façon, bénéfice au point de vue des connaissances acquises et du développement physique.

Et les familles, direz-vous?

Elles feraient ce qu'elles font aujourd'hui. Ne laissent-elles pas les enfants en classe un an ou deux après le certificat? Seulement au lieu de les envoyer aux cours complémentaires qu'ils encombrent sans profit s'ils ne doivent pas pousser leurs études plus loin, elles les laisseraient au cours supérieur. Le principe démocratique ne serait pas touché.

L'enseignement primaire ne doit pas commencer avant six ans; c'est la loi. Si le temps de scolarité ne paraît pas suffisant à quelques-uns pour préparer le certificat d'études, ce n'est pas par en bas qu'on devrait anticiper d'une année, c'est par en haut qu'il faudrait en ajouter une. D'ailleurs, l'obligation s'étend jusqu'à la treizième année; le certificat d'études peut être passé dès onze ans, et ceux qui l'obtiennent sont dispensés du surplus du temps de scolarité obligatoire. Croit-on qu'il soit bon dans ces conditions d'avancer l'heure du certificat? Et partant est-il juste de s'en prendre aux écoles maternelles si les résultats que l'on espérait ne sont pas obtenus?

Leçon de choses.

Le raisin. — L'institutrice a préparé sa leçon avec le plus grand soin. Sur le tableau sont dessinés : une cuve, le long de laquelle est appuyée une échelle, une grappe de raisin. Dans un coin, nous voyons de la vigne et des gens qui s'apprêtent à cueillir le fruit. Enfin, en bas du tableau, sur le rebord du chevalet, une grappe, une bouteille bouchée dans laquelle il y a du vin, un entonnoir, un tire-bouchon, une timbale. Je crois que c'est tout.

L'auditoire est composé d'enfants de trois à cinq ans. Il va falloir faire comprendre à ce petit monde d'où provient le raisin, à quoi il sert, comment se fait le vin, etc., etc.

La leçon se déroule très claire, très simple, l'institutrice s'exprime bien; elle a un vocabulaire assez fourni pour pouvoir répéter la même idée sous plusieurs formes; il semble donc que les critiques qu'on aura à lui faire seront de peu d'importance.

Mais elle arrive à la fermentation du raisin dans la cuve. Ici, elle s'embrouille, donne d'abord l'explication scientifique; puis, sentant qu'elle n'est pas suivie par les miochons qui l'écoutent, elle veut faire comprendre que le raisin bout; elle parle — ce qui est une fausse comparaison — de la bouillotte qu'on met sur le feu, dont l'eau entre en ébullition; elle insiste, reprend son idée, la retourne, puis vaguement satisfaite, elle continue sa leçon.

Elle montre le vin dans la bouteille, la débouche à l'aide du tire-bouchon, en verse dans la timbale, parle du soin qu'il faut prendre pour ne pas renverser la timbale sur la table, explique pourquoi on donne aux enfants une timbale plutôt qu'un verre.

Il lui reste devant elle l'entonnoir; elle veut s'en servir, puisqu'elle l'a apporté; et alors elle le prend pour verser le vin de la bouteille dans la timbale.

Enfin, la leçon terminée, elle distribue à chacun des enfants qui répondent bien un grain de la grappe de raisin; le reste inutilisé de la grappe est déposé sur le bureau.

Ceci dit, j'ajoute que la leçon a été bien préparée et que, l'institutrice étant intelligente, l'ensemble a été bon; le début était même excellent.

Voyons quelles sont les remarques ou les critiques qu'on doit lui faire.

a) Le matériel de la leçon, les dessins, étaient préparés avant l'entrée des enfants en classe : leur attention eût été plus grande, leur curiosité mieux piquée si une partie au moins des dessins avaient été faits devant eux, — si l'institutrice avait tiré les objets qu'elle devait montrer, les uns après les autres, d'un endroit quelconque, et si elle les avait disposés lentement sur le bureau.

La leçon de choses faite à des petits exige une mise en scène qui permette à leur esprit de se fixer — je dirais presque de s'agripper — sans que l'attention se fatigue.

b) La difficulté était de faire comprendre comment et pourquoi le raisin bout et se transforme en un liquide qu'on appelle du vin.

Il fallait s'en tenir purement et simplement à la description scientifique du phénomène.

Les enfants n'y auraient rien compris, me dit-on. C'est mon avis. Mais s'il n'y a aucun inconvénient à promener une lumière éclatante devant les yeux d'un aveugle, — il ne voit pas, donc il ne sera pas blessé par l'intensité de la lumière, — il en est autrement s'il vient d'être opéré, s'il commence à pouvoir supporter la lumière du jour : on risque de le replonger dans les ténèbres parce qu'on le met brusquement en face d'une lumière violente. Il en est de même pour les enfants. Qu'ils ne comprennent pas, je l'accepte comme un mal nécessaire quelquefois ; mais qu'ils se forgent des idées fausses, c'est autrement grave.

Donc, dans une leçon, quand une difficulté se présente, et que vous ne pouvez l'expliquer clairement aux enfants, tournez-la, escamotez-la même; ne dites jamais rien de faux ni d'à peu près; votre auditoire ne s'en trouvera que mieux, surtout s'il est composé de petits.

c) L'institutrice a parlé ensuite de la mise en tonneau, de la mise en bouteille, du bouchon, de la timbale, du tire-bouchon.

C'est bien; cela permet à l'attention de se renouveler, de se reposer sur des objets connus, et si les enfants n'ont pas tout retenu, s'ils ont perdu de vue à ce moment le début de la causerie, — s'ils se sont davantage intéressés aux détails qu'à l'objet même de la leçon, — ils en ont cependant, tiré quelques bénéfices, peut-être autres que ceux qu'on se proposait, mais qui n'en sont pas moins réels.

d) L'institutrice voulant se servir de l'entonnoir qu'elle avait apporté a versé du vin dans la timbale à l'aide de l'entonnoir.

Fait-on jamais cela? c'était faux, archifaux; mais, hélas! cela a profondément intéressé les enfants; — et plus d'un, certainement, aura reçu le soir chez lui, quelque admonestation « frappante » de sa maman pour avoir voulu reproduire ce que « Madame » avait fait. Le résultat ne dût-il pas être aussi fâcheux matériellement pour ces pauvres enfants, que l'impression fausse laissée dans leur esprit n'en serait pas moins regrettable. Jamais rien de ce qui est contraire à la vérité ne doit être dit ou fait devant les enfants; c'est une question de probité intellectuelle.

e) La leçon a été suivie d'interrogations. En général, comme les questions sont toujours difficiles à poser, elles ne sont pas bien faites et les enfants y répondent péniblement; il n'y en a que quelques-uns qui parlent, les autres sont las; ils ne comprennent pas; car l'effort qu'on leur demande pour écouter le petit camarade qui répond est au-dessus de leur puissance de volonté.

Donc, en principe peu d'interrogations, — puis quelques phrases bien faites que les enfants répèteront ensemble et qui résumeront la leçon. (Je reviendrai sur ces questions des interrogations et des résumés.)

Aux interrogations je préfère de beaucoup le dessin que j'appellerai « libre », sans m'attarder ici aux différentes interprétations qu'on donne à ce terme.

Il faudrait remettre aux enfants à la fin de la leçon une petite feuille de papier, un crayon.

On leur dit alors : « Racontez ce que je vous ai dit, dessinez ce que je vous ai expliqué. » Neuf fois sur dix les enfants seront enchantés, et les dernières minutes de la leçon s'achèveront sans fatigue ni pour eux ni pour l'institutrice. Que celle-ci ne l'oublie pas : elle a le devoir de ne pas fatiguer ses élèves, mais elle n'a pas moins celui de se ménager elle-même. Elle a d'autant plus besoin de repos qu'elle s'est mieux donnée pendant la leçon qu'elle vient de faire.

f) Il me reste une dernière critique à faire, à laquelle j'attache la plus grande importance : toutes les fois que les institutrices font une leçon sur un fruit, un bonbon, etc., sur *quelque chose qui se mange*, qu'elles s'arrangent pour que tous les petits en aient leur part. Les grains de raisin se prêtent merveilleusement à une distribution. Il faut qu'à ce raisin, à ce fruit, à ce bonbon qui est resté sous les yeux des enfants, qui a éveillé la convoitise, bien naturelle à leur âge, ils goûtent tous ; ne pas leur en donner c'est leur infliger une peine très grande, étant pour eux très véritable ; en donner seulement à quelques-uns, c'est risquer de les rendre jaloux. Une leçon de choses qui aurait ce résultat serait désastreuse.

Leçon de choses. Exercice d'observation. Exercice de langage.

Leçon de choses, exercice d'observation ou exercice de langage sont pour beaucoup d'institutrices traités de même façon et se différencient peu. Elles partent de ce principe que « tout est dans tout » et que, par conséquent, parler de tout à propos de n'importe quoi est une chose excellente aussi bien que, faire parler l'enfant étant nécessaire, toute leçon est pour lui un exercice de langage.

Il y aurait pourtant intérêt à avoir des idées, sinon très complètes, du moins très nettes, sur ces trois leçons fort différentes.

Leçon de choses. — D'abord, un premier point doit être accepté d'avance : on ne fait pas une leçon de choses, sans que la chose dont on veut parler soit mise sous les yeux des enfants; et s'il s'agit par exemple d'une leçon de choses sur le pain, l'institutrice qui va faire cette leçon ne devra pas seulement avoir du pain à montrer aux enfants, mais elle aura encore de la farine, du blé, etc. Elle ne montrera toutes ces choses que lorsqu'elle sera au moment de commencer sa leçon; jusque-là, elle aura gardé, hors de la vue des enfants, tous les matériaux qui doivent servir à la leçon.

Au moment de commencer, elle étalera avec soin son petit matériel qu'elle aura l'air de considérer elle-même avec la plus grande attention; un peu de solennité et au besoin un peu de la savante mimique du charlatan auront vite fait d'attirer les yeux curieux et de les retenir fixés sur les objets que manie l'institutrice.

Ceci fait, il faut passer à l'exécution de la leçon. La plupart des institutrices ont une tendance que je déplore, elles commencent toujours leurs leçons par des interrogations. Une interrogation qui amorce la leçon peut avoir des avantages, mais elle a certainement un inconvénient, c'est qu'elle distrait l'attention des enfants qui, de fixée qu'elle était sur ce qu'on avait placé devant eux, passe à celui qui répond; il faudra donc ensuite replacer les enfants dans cet état particulier qui les prédisposait à écouter et qu'on pensait avoir obtenu par la manière de procéder que nous indiquions plus haut.

De plus — et j'insiste sur ce point — poser des questions à des enfants d'école maternelle est un non-sens absolu puisqu'ils ne savent rien et que c'est à cette école qu'on doit leur fournir des idées et des mots pour s'exprimer; enfin, en supposant qu'ils aient quelque notion de ce qu'on leur demande, ils ne sont pas capables de traduire leurs idées. Ils le seront beaucoup plus après la leçon, si la leçon a été bien faite.

Le plus souvent, les institutrices qui procèdent par interrogations en se figurant qu'elles font une leçon de choses, cachent ainsi l'indigence de leurs idées, — elles espèrent que les enfants les détourneront du sujet qu'elles ont à traiter et qu'elles pourront faire ce que j'appellerai irrespectueusement du « papotage », — l'absence d'une préparation qui leur aurait justement fourni des idées, et leur incapacité à s'exprimer dans un langage clair, correct et précis.

Quelques-unes au contraire, très soucieuses de leur devoir, ayant bien préparé la leçon à faire, s'exprimant facilement, ont un défaut que je préfère de beaucoup à l'indigence des idées, mais qui est tout de même un défaut, elles sont trop abondantes. Elles parlent, elles parlent, elles tiennent à dire tout ce qu'elles savent; elles veulent épuiser le sujet à traiter. Il faut se garder de tomber dans ce travers; pour faire très bien une leçon de choses à de petits enfants, il faut avoir l'esprit scientifique, mais non point être une savante, et c'est là que la culture intellectuelle se révèle, car il faut dire des choses toujours justes, donner peu de connaissances et donner seulement celles qui conviennent à de petits enfants. Le choix à faire est donc extrêmement délicat.

Ces observations faites, nous nous résumerons : La leçon de choses doit être faite « avec des choses », elle peut débuter par une interrogation, elle demande une certaine mise en scène, elle comporte toujours et en premier lieu une exposition — pendant laquelle, au besoin, un mot, une question soutiendront l'attention des enfants; — l'exposition sera courte, et ne comportera que peu d'idées, toujours simples et exactes. Enfin la leçon se terminera par des interrogations. Ces interrogations devront-elles être un exercice de langage? — Non. — Il faut laisser les enfants répondre spontanément, à la diable, si je puis m'exprimer ainsi, tant qu'ils disent des choses vraies; on ne les arrêtera pas au début d'une réponse pour obtenir le fameux *Madame*, que les pauvres petits malheureux étaient autrefois tenus d'employer au commencement de chaque phrase. S'ils ont, après la leçon, plus d'idées que de mots, ne vous en inquiétez pas, l'équilibre se fera peu à peu car ils auront bientôt perdu quelques-unes des idées qu'on leur aura données, mais en revanche la suite des jours leur donnera quelques mots de plus.

Exercice d'observation. — Dans la leçon de choses, l'institutrice a donné aux enfants toutes les connaissances qu'elle jugeait utiles pour ses élèves; si elle a parlé du pain, elle a parlé aussi de la farine, avec laquelle on fait le pain, et ensuite elle a pu parler du blé dont on fait la farine, au besoin elle a parlé du champ de blé, comme du four du boulanger; tout lui était permis de ce qui tenait à son sujet, à elle de faire le choix judicieux qu'on lui réclame.

Tout autre est l'exercice d'observation. — Dans la leçon de choses on a fourni des idées, d'où abondance permise et quelquefois nécessaire; dans l'exercice d'observation, on dit des mots qui éveillent des idées; et on ne dit ces mots que s'ils se rapportent exactement à l'objet qu'on observe, et *rien* en dehors de cet objet lui-même.

Je donne des exemples. Fait-on une leçon sur un cube en bois, il ne faut pas parler des arbres, de la forêt, etc.; point, il faut s'en tenir au petit morceau de bois qu'on a devant soi. Fait-on un exercice d'observation sur le cheveu, on ne parlera ni du peigne, ni de la brosse qui servent à lisser les cheveux. Fait-on une leçon sur le couteau, on nommera l'acier, mais on ne fera pas une leçon sur l'acier.

Donc, on énumérera les qualités ou les formes d'un objet en faisant voir, toucher, comparer. Dans un exercice d'observation sur le couteau, disons : « La lame du couteau est polie » (le souffle la ternit). Tout de suite, on voit l'institutrice souffler sur la lame et montrer qu'elle ne brille plus, puis appeler un enfant qui fera de même. Quel plaisir! Et de même pour « la lame est brillante » (la faire miroiter au soleil). — Voilà encore une chose très nette, très précise et en même temps attrayante.

Toutes les fois que les enfants auront vu, touché et comparé, par conséquent aussi, toutes les fois qu'une qualité, qu'une couleur, qu'une forme, auront été observées, les élèves répéteront très exactement ce qu'on leur aura dit : par exemple : la lame du canif est polie, la lame est brillante. Ou bien et c'est ce procédé que je préfère, le professeur énoncera d'abord la qualité, la fera ensuite observer, puis redire par les enfants.

Et là encore on veillera bien à ce que « tout ne soit pas dans tout ».

Exercice de langage. — Forcément l'exercice d'observation a été un exercice de langage puisque les enfants ont dû répéter *exactement* ce que leur institutrice leur a dit, mais il n'a été un exercice de langage que par la force même des choses; on voulait augmenter le vocabulaire des enfants, on s'y est employé en mettant sous leurs yeux les objets qui devaient aider à la formation de ce vocabulaire, d'où évidemment « étude du langage ».

De même la leçon de choses peut donner lieu à des exercices de langage, car si elle s'est terminée comme nous l'avons dit par des interrogations auxquels les enfants ont pu répondre « à la diable », rien n'empêche — et je conseille même de le faire un jour ou deux après la leçon, — que le résumé qui doit terminer toute exposition d'une leçon bien faite soit repris par l'institutrice : Mes enfants, nous avons parlé du pain. Qu'est-ce que j'ai dit? Une, deux, trois réponses, pour mettre en goût les petits; ensuite l'institutrice dira : le pain est un aliment, le pain se fait avec de la farine. Les enfants répéteront ainsi, — non pas comme de petits perroquets, puisqu'ils connaissent ce dont ils parlent — plusieurs fois de suite avec leur institutrice ce qu'elle dit, puis tout seuls et de mémoire. — Désormais, quand ils sauront écrire, ils pourront, grâce à cet exercice de langage bien fait, faire un semblant de rédaction sur le sujet qui a été étudié à l'école maternelle, et qui l'a été sans aucune fatigue intellectuelle.

Voilà déjà deux formes d'exercice de langage.

Voici la dernière qui est sinon la meilleure, du moins celle qui est à elle-même son objet propre : c'est l'exercice de langage avec mouvements imitatifs ou représentatifs, c'est celui qu'on emploie pour l'enseignement des langues vivantes :

L'enfant, sur l'indication du maître, fait un mouvement, montre un objet, etc., et traduit par la parole le geste qu'il vient de faire.

Apprendre sa langue quand on l'ignore, ce qui est le cas des enfants pauvres des écoles maternelles, ou pour des enfants à l'esprit cultivé apprendre une langue étrangère c'est tout comme, c'est pourquoi le procédé qui convient à l'un convient à l'autre.

Et quand on fait lever un enfant et qu'il doit dire « je me lève », quand on le fait avancer ou reculer et qu'il doit dire, « je m'avance », « je recule », outre que cela lui semble très amusant (avantage qu'il ne faut pas perdre de vue à l'école maternelle), il apprend à s'exprimer.

Il ne faut pas croire que l'enfant soit capable de traduire ses actions par des mots. J'en ai eu la preuve tout dernièrement. Une institutrice dit à ses élèves : « Mettez les bras au dos. » — Tout le petit monde exécute le mouvement ; je m'approche d'un enfant et lui demande ce qu'il vient de faire et il répond gravement, en scandant bien sa phrase : « Madame, je suis sage ! » J'ai demandé à dix enfants, ils m'ont tous répondu la même chose et j'ai eu grand'peine à faire dire : « qu'on avait mis les bras au dos ». Dans la même classe, une heure après, l'institutrice qui a un goût très développé pour la discipline fait mettre le doigt sur la bouche à ses élèves — Je demande à un enfant ce qu'il vient de faire; il me répond : « Madame — c'est pour qu'on ne parle pas. »

Il faut donc faire à l'école maternelle des exercices de langage qui soient uniquement des exercices de langage, il y faut faire des leçons de choses qui en soient, et des exercices d'observation qui soient bien des exercices d'observation.

Bref, chacun des trois types peut avoir des points de rencontre avec son voisin, mais chacun a en lui-même des caractères qui lui sont propres et qu'il est nécessaire de lui garder, ce que l'on fera si on a « de l'intelligence, et une intelligence très cultivée ».

La lecture à l'école maternelle.

La circulaire du 22 février 1905 a remis beaucoup de choses au point : les enfants ne liront plus à l'école avant l'âge de cinq ans, et si, à partir de cinq ans, on leur fait commencer la lecture, nous n'assisterons plus à des leçons de trois quarts d'heure , comme j'en ai vu faire.

A l'école primaire, les enfants entrent à six ans.

Ceux qui étant doués d'une intelligence moyenne y débutent à cet âge sans avoir passé par l'école maternelle, qui y font une scolarité régulière, et qui en sortent à treize ans, quittent l'école tout aussi avancés que les autres; les familles n'ont qu'à se féliciter d'avoir attendu jusqu'à six ans pour les faire débuter dans la carrière scolaire, et de leur avoir épargné, au grand bénéfice de leur santé, les efforts des années antérieures, illusoires comme profit s'ils ont été mal compris.

Il est acquis de ce fait que si les écoles maternelles n'existaient pas et si des raisons d'ordre privé n'intéressant que les familles n'intervenaient pas, les enfants qui commenceraient à travailler seulement à six ans ne seraient nullement inférieurs à ceux qui ont débuté dès l'âge de deux ou trois ans.

Mais des écoles maternelles — au début, des garderies, — étant nécessaires pour sauvegarder le tout petit (à six ans on est encore un petit enfant), de l'abandon où le laissait sa famille occupée au dehors, on a créé des refuges où il a été à l'abri de tous les dangers (crèches, écoles maternelles). Une fois à l'école maternelle et confié à des institutrices dévouées, il n'y avait aucune raison pour que le temps fût perdu pour l'*éducation* de l'enfant; et avec la nécessité de l'occuper on a éprouvé celle de l'éduquer, c'est-à-dire de chercher à former ses sens et ses facultés intellectuelles par des exercices comme les mamans savent en trouver.

Comment l'école maternelle s'est-elle développée sous une forme qu'on regrette aujourd'hui et non dans un sens rationnel? C'est ce que je n'ai pas à examiner ici; nous n'avons à retenir que deux choses : d'une part, il suffit de commencer l'instruction à six ans; d'autre part, ce qui revient à l'école maternelle du droit d'instruire, ne doit tout au moins être appliqué qu'à des enfants ayant cinq ans accomplis.

Voilà donc les faits tels qu'ils sont actuellement, et personne n'y contreviendra.

Mais il faut rassurer ceux qui craignent que les études futures de l'enfant ne soient retardées parce que les exercices de lecture seront commencés plus tard; c'est ce que nous allons essayer de faire. Et pour leur donner plus de confiance nous leur mettrons sous les yeux l'expérience suivante qui nous a été rapportée par une personne dont l'autorité est incontestable dans cette matière.

Une directrice d'école maternelle d'un département de l'Ile-de-France partagea des enfants qu'on lui avait confiés ne sachant pas un mot de lecture, en trois groupes suivant leur âge : les tout petits, les moyens, les plus grands. A tous, elle fit enseigner la lecture pendant le même temps et avec les mêmes tableaux. Au bout de l'année les petits avaient la connaissance de 5 tableaux, les moyens d'une dizaine de tableaux, et les plus grands avaient achevé à peu près la collection de 18 tableaux. Est-il rien de plus probant?

Après de telles preuves, qui, s'il fallait les commenter, nous entraîneraient dans des considérations sur le développement intellectuel suivant les âges, on ne saurait s'inquiéter de voir la lecture remise à son rang à l'école maternelle; il n'y a au contraire qu'à s'en féliciter dans l'intérêt des petits.

La vérité est que si l'on a tant lu et tant écrit dans les écoles maternelles, c'est qu'on n'a pas assez cherché le moyen d'occuper les enfants autrement.

Reste une autre question à régler. Comment fera-t-on lire à l'école maternelle? C'est-à-dire se servira-t-on de tableaux pour la lecture collective, ou chaque enfant aura-t-il son livre?

La question est facilement résolue lorsque les municipalités chargées de subvenir aux fournitures sont pauvres : les institutrices, qui ont besoin d'économiser beaucoup, choisissent les tableaux de lecture, puisque quelques tableaux, 5, 6, 15 selon la méthode, sont l'équivalent d'un livret de lecture dont il faut avoir 40, 50 ou 60 exemplaires suivant le nombre d'enfants appelés à suivre la leçon.

Mais là où les municipalités donnent à pleines mains, l'initiative de la directrice est seule en jeu;

et suivant l'angle sous lequel la classe est observée par elle, son choix est fait entre le tableau de lecture ou le livre.

Si l'enfant est considéré comme un *bébé* et la lecture comme une chose secondaire, on demande des tableaux; s'il est considéré comme matière scolaire corvéable à merci, c'est le triomphe du livre qui est assuré.

Le livre! c'est l'école proprement dite qu'il représente : chaque enfant a le sien et cela flatte la vanité des familles! L'écolier est obligé de se tenir immobile devant ce livre; son petit doigt indique les lettres qu'il s'applique (ou est censé s'appliquer) à regarder, l'institutrice a devant elle des enfants studieux! elle est dans l'enchantement, la directrice aussi; on entendrait une mouche voler; malheur alors à celui qui n'a pas l'air d'être tout à la leçon! Et, pendant ce temps, les yeux de nos bébés, fixés de très près sur les feuillets blancs, se déforment; dans quelques années, la myopie comptera de nouvelles victimes de plus; pendant ce temps de la lecture devant le livre individuel, les petites poitrines se creusent, les colonnes vertébrales se courbent; enfin les têtes inclinées se congestionnent. Et la bouche laisse échapper une haleine plus ou moins fiévreuse qui vient frapper le livre et se répand vers d'autres bouches, inclinées aussi sur la table toutes prêtes à la respirer et à en absorber les germes malsains. Enfin ce livre qui soi-disant appartient en propre à l'enfant ne lui appartient qu'une année; l'année suivante, il sera, s'il est encore en bon état, donné à un autre, dont il deviendra la dangereuse propriété.

Celui-ci, pour tourner les pages, se servira de son doigt mouillé, qu'il portera tout à l'heure à sa bouche, malgré toute l'attention de son institutrice. Et la tuberculose fera son chemin! Combien faut-il regretter que cette terrible vérité ne soit pas encore aperçue de tout le monde, et qu'il reste des réfractaires!

Avec le tableau de lecture — je parle toujours pour les enfants de cinq à six ans — rien de semblable n'est à craindre, les enfants ont le visage levé; les petites bouches sont moins proches les unes des autres, les tailles sont redressées et les yeux regardent au loin.

Il y a, paraît-il, des inconvénients graves. Les enfants se tiendront-ils bien? l'institutrice ne les verra plus aussi facilement que lorsqu'ils ont l'attitude d'écoliers appliqués; que se passera-t-il quand elle tournera le dos pour montrer le tableau à son auditoire? Mais c'est sûr qu'ils ne le regarderont pas tout le temps; mais il est certain qu'ils feront une niche à un camarade; et même qu'ils riront s'ils en ont envie! C'est bien ainsi que j'entends les choses à l'école maternelle, et c'est aussi pour cela que je préconise les tableaux de lecture!

La mémoire. — La récitation.

Chez le tout petit, il est bien évident que la mémoire est la faculté qui, au point de vue social, est mise en jeu la première, celle qui lui permettra de *s'associer*, de juger.

C'est parce qu'il se souvient du sein maternel, de la caresse, du sourire de la femme qui l'embrasse et lui répète souvent : « Dis : *maman* », qu'un jour il peut balbutier le mot magique que longtemps il associera à toutes ses joies et à toutes ses souffrances.

Il est, grâce à sa mémoire, entré en contact avec le mot; il a tiré un résultat de sa première leçon de langage et le mot de *maman* signifiera bien pour lui tout ce que ce nom représente, dans son sens véritable.

A force d'exercer sa mémoire, ses facultés se sont développées. Il se heurte, se blesse, et il pleure parce qu'il a mal. Un peu plus tard, il voit sa mère se heurter, se blesser, et... il pleure. La mémoire a mis en mouvement sa sensibilité.

Ces quelques remarques faites, voyons comment l'école maternelle peut se servir de la mémoire comme d'un des moyens les plus efficaces pour commencer l'éducation de l'enfant et lui donner, en même temps que des idées, un vocabulaire.

L'exercice le plus simple pour exciter le jeu de la mémoire et l'utiliser au profit du langage, c'est celui qui consiste à faire réciter une fable ou une poésie ou une autre chose très simple aux enfants.

Seulement, pour en tirer le bénéfice qu'on en veut, il faut savoir s'y prendre. La méthode, le procédé, l'inspiration de circonstance, ont là une valeur capitale.

Supposons qu'on veuille faire apprendre à des enfants la fable de *L'Enfant et le Chat*, que je choisis, encore qu'elle prête à la critique, parce qu'elle a du mouvement.

L'ENFANT ET LE CHAT

Tout en se promenant, un bambin déjeunait
De la galette qu'il tenait.
Attiré par l'odeur, un chat vient, le caresse,
Fait le gros dos, tourne et vers lui se dresse :
« Oh! le joli minet! » et le marmot charmé
Partage avec celui dont il se croit aimé.
Mais le flatteur à peine obtient ce qu'il désire,
Qu'au loin il se retire.
« Ah! ah! ce n'est pas moi, dit l'enfant consterné,
Que tu suivais; c'était mon déjeuné. »

Va-t-on se contenter de la leur lire telle qu'elle est écrite, puis, lambeau par lambeau, la leur faire répéter comme à des perroquets, je veux dire des enfants inattentifs et qui ne perçoivent que les sons?

C'est le procédé le plus simple et le plus couramment employé; ce n'est pas le meilleur assurément; il passe le temps; il ne donne rien. On lit d'abord; cela ne suffit pas. Sans doute, si on sait bien lire la fable, il est possible que le rythme, le son des mots charment l'auditoire, qui écoutera un peu. Ce n'est pas suffisant, pour que la mémoire entre intelligemment en contact avec les mots, pour que la mémoire devienne source de pensée.

Il faut davantage. Il ne faut pas seulement un bruit de voix, mais de l'âme.

Il faut reprendre la fable, l'expliquer, j'entends qu'il faut présenter les personnages, comme on fait à la maison, dans un salon, leur donner une physionomie, les décrire minutieusement, pour qu'on les voie en scène, parler aussi bien des yeux « jaune d'or » de Minet que de la grande tartine que tient le bambin, etc.

Et remarquez, quand on a bien décrit quelqu'un devant nous, quand nous savons son nom, comment il est habillé, ce qu'il fait, comment il se conduit, il paraît tout naturel de le connaître; nous souhaitons même le voir agir; nous souhaitons voir se dérouler devant nous les actes de sa vie qui l'intéressent, et nous avec lui.

Or, pour bien connaître, il faut d'abord avoir compris.

Dans l'espèce que faut-il donc faire? Il faut faire mimer le récit.

C'est alors que la leçon devient vivante, profitable, et que la mémoire va enregistrer des faits, non plus des mots.

Dans la fable que nous prenons comme thème, il y a deux personnages. D'abord un bambin.

Et l'on choisit pour le représenter un enfant à l'air déluré, fille ou garçon; on lui taille une tartine dans un morceau de carton; on l'invite à se promener de long en large, « faisant semblant » de manger la bonne galette qui attire tous les regards et fait naître tant de convoitises. Faire semblant, cela est si bon aux tout petits, alors que nous-mêmes serions si heureux quelquefois de ne « faire que semblant ». Et puis un autre personnage, Minet. Pour celui-là on prend une toute petite, mignonne, délicate, fine : elle fera le petit chat, elle miaulera gentiment, et câlinera son petit camarade qui, séduit, donnera morceau par morceau la belle tartine.

Voyez-vous la scène, voyez-vous les assistants, tous ces bébés, charmés, amusés, ravis!

Alors vous pourrez commencer d'interroger, on vous répondra et on vous répondra nettement; plus d'hésitation, plus d'erreur, car alors la mémoire fera dire des mots qui seront bien le vêtement des idées que chacun a dans la pensée, et le mot à mot qu'on apprendra sera désormais sans danger.

Ainsi, d'une part, se sera formée l'éducation de l'enfant, qui jugera *bien* d'une action qu'il aura *bien* comprise; d'autre part, son vocabulaire se sera enrichi de mots dont il comprendra véritablement la valeur.

Si, de la récitation, on peut retirer de tels avantages, on sent qu'il n'est pas indifférent de faire apprendre à l'enfant n'importe quoi; — on se rend compte que des pensées saines, élevées, doivent se dégager du récit et que le style du morceau choisi doit être, sinon véritablement littéraire, du moins bien français, c'est-à-dire simple et clair, — et l'enveloppe d'idées loyales, généreuses, bonnes.

L'histoire à l'école maternelle[1].

Rien n'est plus difficile à enseigner que l'histoire, non seulement à de tout jeunes enfants, mais encore à des écoliers arrivés à une maturité d'esprit déjà avancée.

La leçon d'histoire n'est pas seulement l'enseignement des faits, c'est par excellence l'enseignement au cours duquel il doit être à tout instant fait appel au jugement, puisque, suivant l'optique de celui qui traduit un fait d'histoire, la manière de l'exposer est toute différente; comme le fait est très différemment apprécié par l'enfant, suivant celui qui le lui a enseigné.

1. Écrit antérieurement à la circulaire du 22 février.

Je me rappelle fort bien, à un examen du certificat d'études, avoir demandé à une enfant ce qu'elle pensait de la Saint-Barthelémy. Elle me répondit qu'on avait « *joliment* bien fait de tuer les protestants ». Après l'examen, j'appris — ce dont je me doutais bien — que cette enfant n'appartenait pas à une de nos écoles laïques, où la réponse eût été diamétralement opposée.

Si donc cet enseignement est si délicat à l'école primaire, il n'est pas seulement difficile à l'école maternelle; il y est impossible, même, comme on le fait souvent remarquer, lorsqu'on se borne à un simple énoncé des faits.

Voici deux exemples, pris dans la même école où le personnel est très bon, et, par conséquent, où l'on fait le mieux possible.

On avait, la veille de ma visite dans une première classe maternelle, raconté l'histoire de Vercingétorix, lorsque vaincu il vient, sans crainte comme sans forfanterie, jeter ses armes aux pieds de son vainqueur, sans lui témoigner autre chose qu'une suprême indifférence. Puis il attend, impassible, que Jules César fixe son sort.

L'institutrice qui sait, qui juge l'acte d'héroïsme de Vercingétorix, s'est dépensée le plus qu'elle a pu pour le faire comprendre aux enfants. Elle insiste pour qu'ils se rendent bien compte qu'une attitude humiliée aurait plu à Jules César, etc.

Le lendemain elle interroge en ma présence les enfants sur la leçon. Les bambins répondent en exposant plus ou moins exactement le fait matériel, plutôt bien que mal; mais comme le fait en lui-même disparaît devant la grandeur morale de l'acte, l'institutrice cherche à faire dire, répéter, ce qu'elle a expliqué. Enfin une fillette de cinq ans et demi traduit ce que, pour elle, a pensé Jules César, devant l'attitude de Vercingétorix : « Ça l'a bien *vexé* », dit-elle.

C'est la seule enfant qui ait compris, et voyez comment! J'eusse préféré que personne n'eût compris; car peut-être ceux-là seuls qui n'ont rien compris seront capables de sentir et de penser juste quand, devenus grands, ils entendront une leçon sur le même sujet. Pour ceux qui ont compris, c'est bien fini, j'en ai peur. Leur opinion est faite : Jules César a été vexé. Ils ne seront jamais plus émus au récit de cet acte plein de noblesse et de grandeur, où l'âme gauloise, généreuse et indifférente à la mort, se révèle tout entière. Vercingétorix et César resteront à la taille où ils les ont vus, quand on leur en parlait à l'école maternelle.

Un autre fait. Même école, autre classe, où une leçon a été bien faite et bien comprise, tout au moins parfaitement retenue.

Il s'agit de Charlemagne visitant les écoles. Aux questions posées, les enfants répondent exactement ce qui leur a été dit. Les faits racontés, on arrive à la conclusion qu'un enfant répète, sans même qu'on la lui demande : « Les enfants riches n'avaient pas travaillé, les enfants pauvres seuls avaient travaillé; Charlemagne a chassé les enfants riches de son palais. »

Quelle somme d'idées fausses, par l'enseignement d'une vérité, ne peut-on faire naître dans l'esprit de ces pauvres petits! Et comment pourraient-ils dégager la vérité du fait lui-même? C'est impossible! Quand ils seront d'âge, non à pénétrer la philosophie de l'histoire, mais d'âge à comprendre que les enfants des nobles ayant tout, et n'estimant que la guerre, n'avaient pas senti la nécessité de s'instruire; que les enfants des manants, par contre, n'ayant rien, avaient travaillé parce que cela leur donnait l'espoir de sortir de leur misère : alors, mais alors seulement, on pourra leur enseigner l'histoire avec quelque profit.

Mais, à l'école maternelle, un tel enseignement est inutile *toujours*, et il est quelquefois dangereux.

L'art à l'école.

Une Société de l'art à l'école a été fondée par des artistes, — artistes, soit qu'ils manient le pinceau ou l'ébauchoir, soit parce qu'ils s'intéressent en critiques à l'art, soit enfin parce qu'ils aiment le beau et qu'ils considèrent l'amour du beau comme un moyen de perfectionnement pour l'humanité.

Elle s'occupera aussi bien des plans pour la construction des écoles, que du mobilier, que de l'ornementation. Tout ce qui sera mis sous les yeux des enfants, tout ce qui leur servira, aussi bien que la maison qui les accueillera, devra former un ensemble artistique et développer en eux le goût du beau.

Le programme est intéressant; il est digne de retenir l'attention; il permet les meilleures espérances. C'est surtout à l'école maternelle, il me semble, qu'il aura le plus facilement le moyen de se développer et qu'il trouvera le plus utilement et le plus heureusement à être appliqué.

Tout le monde sait quels efforts la ville de Paris, les municipalités de province, font chaque jour pour leurs écoles. Ce sont souvent de vastes monuments où petits et grands élèves trouvent place, mais y trouvent-ils toujours air et lumière? Il y a certainement sur ce point des restrictions à faire. Y trouvent-ils des murs peints en clair, où la propreté éclate? Y trouvent-ils de belles choses où se reposent leurs regards? Hélas! hélas! comme je devrais répondre négativement bien souvent!

Je disais récemment dans un de mes rapports :

Mme X... sait charmer et occuper ses bambins, et cela avec une vivacité, un entrain qui gagnent tout ce petit monde sans le fatiguer ni l'ahurir; mais quel contraste entre cet enseignement vivant, les mines éveillées des enfants, et les vieux murs sombres et sales de la classe, qui semblent vouloir ensevelir tant de vie et tant de jeunesse!

Beaucoup de choses sont à refaire ou à créer dans nos écoles maternelles : le décor extérieur des bâtiments pour qu'ils n'aient plus l'air de casernes ou de prisons; le mobilier qui est souvent laid et mal approprié; l'ornementation qui fait complètement défaut ou manque d'élégance, d'attrait, d'agrément.

Tout ce qu'on fait pour les enfants doit plaire, doit être délassant, récréatif, doit être clair, riant, distrayant, gai, je dirais : joyeux, enchanteur, si j'osais; — d'un seul mot, tout doit être beau.

C'est bien que le comité de *l'Art à l'école* veuille que les élèves-maîtres des écoles normales prennent le goût du beau et habitent des maisons artistiquement décorées; car le goût du beau élèvera les esprits et il nous faut des instituteurs et institutrices d'esprit élevé.

C'est bien que les enfants des écoles primaires aient sous les yeux de belles reproductions d'œuvres artistiques; cela les rendra plus délicats, plus difficiles dans leur choix pour toutes les choses de l'existence.

Mais le « tout petit », ce tout petit qui est une beauté lui même, qui est la joie, la lumière, qui est tout puisqu'il est l'espérance, auquel l'école maternelle apprend à vivre, à voir, à agir, est-ce que ce n'est pas pour lui surtout que le beau est fait? est-ce que ce n'est pas pour lui que l'art doit se faire chef-d'œuvre?

La vie de la rue, de la foule le guette. Que de laides images elle va lui montrer! que de choses noires et mauvaises elle fera pénétrer dans son cerveau par les oreilles et par les yeux! Comme il a besoin, pour lutter contre cette ambiance, qu'on l'entoure, qu'on le fortifie, qu'on lui fasse la vie jolie; — comme il importe que ses yeux — alors qu'il n'est encore qu'une plaque sensible sur laquelle les images viennent s'imprimer — fassent connaissance avec la « beauté » pour que sa petite âme s'en éprenne, pour qu'à son insu le besoin se crée, — pour qu'il la boive par tout son être; — pour que beauté et vie s'associant en lui dès le premier jour nous donnent, à l'heure de la scolarité, un enfant ouvert aux belles et nobles impressions, et capable de ressentir l'horreur du laid et du mal.

La danse à l'école maternelle.

« Il faudrait en revenir aux danses en plein air, aux rondes eurythmiques, aux pas chantés et marchés à la fois, qui jadis contribuèrent pour une part indiscutable à rendre belles et de démarche noble les filles de l'Hellas. »

MAURICE DE FLEURY.

On a condamné dans les écoles maternelles la marche au pas qui fait frapper lourdement le sol avec le pied, soulève des nuages de poussière et de microbes. Peu à peu on a substitué, pour les évolutions dans les mouvements généraux, des chants bien rythmés qui marquent la cadence et aident les enfants à demeurer dans un ordre à peu près régulier, sinon réel; au moins assez apparent pour qu'eux-mêmes aient l'illusion d'une discipline nécessaire, qui les maintient sans les comprimer ou les transformer en machines, — comme il en était jadis quand ils devaient marcher en se balançant et en frappant le sol : une, deux, une, deux.

La modification, pour heureuse qu'elle soit, est-elle suffisante? On a supprimé un mal; ne peut-on maintenant chercher à développer le corps de nos petits maternels « en harmonie et en grâce »?

En classe, il y a entre chaque changement d'exercice des mouvements de bras et de jambes, faits simplement pour donner à l'enfant un temps de répit qui lui permette de remuer ses membres, quand on l'a tenu silencieux et immobile devant sa page d'écriture pendant quinze ou vingt minutes.

Cela suffit-il à la culture esthétique de son corps? Est-ce même une culture? Non, c'est le repos obligé d'une machine qu'on a forcée à fonctionner.

La gymnastique peut-elle aider à cette culture? Oui, mais dans une mesure très modérée, car tout le monde sait qu'avant l'âge de sept ans à peu près, la gymnastique ne peut se composer que de mouvements très simples qui, lorsqu'ils ne sont pas appropriés au développement acquis du corps ou à la santé de l'enfant, peuvent être plutôt dangereux; c'est pourquoi les inspectrices de gymnastique préconisent surtout des jeux pour les petits.

Depuis quelque temps, en introduisant dans les horaires des écoles maternelles une rubrique « jeux » (qui est au programme de ces écoles), on a donné l'essor à de nombreuses tentatives sous le nom de *jeux organisés, jeux dirigés*, que je réunis sous un seul titre résumant l'idée qu'il se faut en faire, JEU ÉDUCATIF; c'est-à-dire jeu ayant pour but d'assurer l'éducation physique ou intellectuelle de l'enfant. On est arrivé à grouper une certaine quantité d'exercices où chaque institutrice a apporté ses goûts, ses habitudes, qu'elle a marqués de son empreinte personnelle.

Plusieurs maîtresses — et je ne saurais trop les en louer — ont, à l'heure du jeu éducatif, commencé le développement des petits à l'aide de la danse.

Dernièrement, j'ai été absolument charmée par la vue d'une trentaine de bambins dansant un pas-de-quatre. L'institutrice, qui ne disposait d'aucun instrument de musique, ni harmonium, ni piano, ni accordéon, avait composé un orchestre vraiment très agréable à entendre. Il était formé de 10 garçons et de 10 filles qui, les garçons en sifflant, les filles en vocalisant à bouche fermée, reproduisaient l'air du pas-de-quatre. Les petits danseurs se suivaient comme l'exige la technique de cette danse; quand ils avaient fait une fois le tour de la classe, les 20 premiers du groupe s'asseyaient à leur table et reprenaient le chant pendant que les 20 *qui avaient été « la musique »*, se mettaient à l'extrémité de la file : tout cela sans désordre, mais au contraire avec un ensemble, une facilité d'allure, qui était elle-même une harmonie. Il y avait 63 enfants présents (c'est dire le mérite de l'institutrice qui avait organisé tout cela); le dernier groupe fut donc au 3e tour de la classe composé de onze couples et d'un enfant qui philosophiquement suivit ses petits camarades, sans avoir l'air ni gêné, ni contristé; — je donne ce dernier détail pour répondre à une objection facile sur le nombre de ces enfants.

Dans une autre école, l'institutrice a fait apporter dans sa classe un harmonium dont les sons pleins se prêtent très bien à l'accompagnement des mouvements lents et des danses de caractère. Chez cette institutrice j'ai vu danser les lanciers; c'était dans une classe enfantine. Et combien j'ai su gré à l'institutrice, qui fait admirablement travailler les enfants au sens scolaire du mot, de n'avoir pas cru que son titre d' « enfantine » la plaçait trop haut pour condescendre à faire « L'ÉCOLE HEUREUSE » aussi pour ses bambins.

Les enfants étant plus grands, on avait formé trois quadrilles ; les autres élèves faisaient « tapisserie », et savaient que leur tour viendrait deux jours après à l'heure du jeu éducatif, où l'on reformerait de nouveaux quadrilles; car nos bambins, comme les folles jeune filles que la danse enivre, plus ils ont déjà dansé, plus ils demandent à danser. Et ceux-là entre autres, dont je parle, sauraient certainement rappeler à leur institutrice que c'est le jour consacré à cette gymnastique plaisante, si elle venait à l'oublier.

J'ai vu d'autres jeux éducatifs ayant la danse pour base : danse des drapeaux, farandoles, etc. ; et partout j'ai constaté les mêmes heureux effets : grâce souriante des visages, balancement harmonieux du corps, gestes d'une certaine élégance, port de tête favorable à la respiration ; ensemble de joliesse et de puérilité qui promettait à ceux dont l'éducation était ainsi commencée, si elle pouvait être continuée, une allure aisée, de la distinction, faite certainement pour embellir la race.

En attendant ce qu'elle promet pour l'avenir, la danse ainsi comprise apporte joie et gaieté aux chers petits, et aussi belle humeur et santé.

CHAPITRE VI

LA PRÉPARATION DE LA CLASSE

Journal de classe. — L'inspection et le journal de classe. — Extrait d'une conférence sur le sujet. — Le sabotage.

Journal de classe.

C'est une vérité pédagogique qui n'est point discutée, que sans une préparation sérieuse de la classe il est impossible de savoir ce qu'on doit faire et par conséquent d'être une parfaite institutrice.

C'en est une autre, mise en lumière par la presse pédagogique, par la presse médicale, par les hygiénistes les plus compétents que le surmenage pour un cerveau d'enfant de cinq à six ans est « chose néfaste ».

C'en est une aussi, consacrée par la circulaire ministérielle du 22 février 1905, que l'école maternelle ne saurait être « une école primaire au petit pied ». Et la conséquence est qu'une réforme absolue, une refonte complète des exercices de ces écoles puériles était à faire. Mais que de méditations, que d'études, que d'essais elle demandait! Comment remplacer les enseignements primaires : lecture, écriture, calcul, qui faisaient le fond de l'enseignement à l'école maternelle? En cela le programme nous apportait des indications; nous avions les jeux, les mouvements, les exercices manuels, etc. Mais encore quoi pour inscrire au-dessous de ces têtes de chapitre? Nous avons cherché. L'unique moyen était de préparer un *journal de classe.*

Mais il fallait que ce *journal* répondît à une méthode nouvelle qui n'était point encore fondée! C'était une tâche ardue. Nous l'avons entreprise, avec le concours d'institutrices animées d'une conviction sincère, et nous avons cherché à montrer ce que pourrait être le carnet quotidien d'une directrice ou d'une institutrice d'école maternelle, — ce que peut être la méthode française d'éducation, ce qu'elle sera quand elle aura pris droit de cité partout et que, faite de l'expérience de tous, elle aura des traits bien arrêtés et un caractère définitif.

Ce *Carnet de la directrice* a pour objet de faciliter la tâche des institutrices; il ne peut et ne doit pas se substituer à leur initiative propre; peut-il les dispenser de faire *leur* journal de classe?

En aucune façon : c'est la charpente de l'édifice

à construire qui leur est offerte. Et qu'est-ce qu'un édifice qui n'aurait que sa charpente, fût-elle en fer? Il serait comme s'il n'existait pas; il serait impropre à sa destination et par conséquent inutile.

Il en est de même du *Carnet de la directrice*; il est nécessaire. Nous n'avons pas l'intention de dispenser les institutrices de tout effort. Nous voulons au contraire les inciter au travail, leur suggérer le désir de compléter, d'approprier à leurs besoins ce que nous leur indiquons comme bon. Nous voulons ouvrir une voie à celles qui ne sauraient pas la trouver; nous voulons aider les autres dans celle où nous aimons à les voir s'engager.

Le *journal de classe* ne saurait cependant être propre à l'existence de ceux pour qui il a été écrit, si l'initiative de l'institutrice, ses recherches patientes, ne l'assimilaient à sa propre personnalité, et à celle des enfants qu'elle est chargée d'élever. Aucun enseignement plus que l'enseignement éducatif maternel ne tire sa valeur de l'initiative personnelle de l'institutrice.

Autre chose est d'enseigner ou d'éduquer. L'éducation vit toute du moment présent, de l'âge des enfants, de leur aptitude, suivant le milieu qu'ils habitent, à recevoir tel ou tel développement.

Mais c'est justement cette nécessité de réunir

et de concilier tant d'éléments divers qui exigeait qu'une méthode, qu'une règle fût déterminée; sans cela, du besoin de se diversifier fût né le désordre, qui masque trop souvent l'insuffisance. C'est pour éviter ce désordre, c'est pour remédier aux aléas toujours dangereux quand les recherches que l'on fait sont expérimentées sur des enfants, que nous conseillons à toutes les institutrices d'établir leur *Carnet*.

Qu'elles appliquent à cela leur volonté, qu'elles soient courageuses et résolues à bien faire, à faire mieux; qu'elles prennent pour devise les préceptes que voici : « Croire au bien, croire au progrès, croire à la bonté, croire en la mission d'institutrice, avoir foi en son œuvre, l'aimer pour l'amour des petits qui ont besoin que l'école maternelle leur soit un foyer généreux de joie, de bien-être pour leur développement physique, intellectuel et moral. »

L'inspection et le journal de classe.

On rencontre des institutrices qui sont incapables de subir une inspection sans être prises d'une émotion si intense qu'elles deviennent immédiatement inférieures à elles-mêmes. Ceci se reconnaît facilement à leur parole embarrassée, aux mouvements saccadés, fébriles; on sent en les écoutant que leur pensée est absente ou comme paralysée. Ces institutrices font peine à voir; je m'efforce de les rassurer, de les bien pénétrer de cette idée que l'inspection n'est faite qu'avec le désir de trouver le bien et le mieux, et de reconnaître leurs efforts. Et toujours, lentement mais sûrement, elles reprennent quelque confiance en elles-mêmes; la classe se déroule méthodiquement et je puis généralement en les quittant m'en aller satisfaite. Pourquoi? c'est que ces institutrices sont des travailleuses; — c'est que la veille, que les jours qui précèdent l'inspection, elles ont fait leur devoir consciencieusement; — c'est aussi qu'elles ont, au jour de l'inspection, le viatique qu'il leur faut pour se ressaisir, retrouver leurs idées, faire leur travail avec la méthode qui convient. Le viatique nécessaire, indispensable, c'est le journal de classe, ami fidèle, présent à l'heure critique, qui vient dire à celles qui sont troublées plus que de raison : « Regarde ce que tu as fait hier, vois ce que nous devons faire aujourd'hui; consulte-moi, je vais t'aider; et puisque tous deux nous nous sommes associés pour le bien des enfants, à cette minute d'anxiété, je m'associerai à toi pour te défendre et le faire plus énergiquement que tu ne le fais toi-même! »

Ainsi parle tout bas le journal, le bon conseiller; l'institutrice l'écoute; elle s'appuie sur cette base solide qui est son œuvre; et, comme je l'ai dit plus haut, son émotion se dissipe; elle reprend possession d'elle-même, et quelquefois d'une façon vraiment triomphante.

Mais que le journal de classe ne soit pas fait, toute tentative de sauvetage est inutile; l'inspectrice aura beau donner des marques d'encouragement, l'institutrice ne se repêchera pas, et l'on assistera à des spectacles lamentables comme celui-ci par exemple.

Une institutrice qui, depuis onze ans, fait une classe maternelle et qui a la seconde section, entre un matin dans sa classe avec l'inspectrice. Que va-t-elle faire? D'abord elle fait chanter. A quoi bon, puisque les enfants ont chanté déjà pour la mise en rang et l'entrée en classe? Ensuite, au hasard, elle fait ce qu'elle appelle un exercice de langage; il dure quatre minutes. « Comment t'appelles-tu? » — (ceci ou une autre niaiserie) — est-il demandé à quelques enfants. Puis comme l'institutrice a le cerveau vide, elle sent l'inutilité de questions sans intérêt parce que mal présentées, et encore plus mal écoutées. Elle reprend un chant, puis une interrogation sur la pêche, leçon faite il y a quelque temps, — qu'elle appelle encore un exercice de langage. Six minutes se sont écoulées. Encore un chant. Enfin on arrive à l'exercice sauveur entre tous : la récitation. Et l'inspectrice, qui laisse faire pour se rendre compte, entend quatorze fables, — j'ai bien dit *quatorze*, — qui se suivent ânonnées, mais non dites, par les enfants. D'ailleurs ils ont trouvé le moyen de s'amuser, qui avec un bout de papier, qui avec son mouchoir, etc., se contentant d'ouvrir la bouche de temps à autre pour terminer les phrases qui se suivent sans interruption, dites par trois ou quatre « grands ».

« Avez-vous autre chose à faire? demande l'inspectrice. — Non, madame. — Avez-vous fait ce qui était indiqué sur votre journal de classe? — Non, madame, mon journal est en retard. »

Voilà qui explique toutes choses! Pas de journal de classe. — N'importe quels exercices, c'est toujours bon pour les petits : — c'est la classe à la « Va comme je te pousse », passez-moi l'expression. — C'est plus souvent mal que bien les jours ordinaires; c'est la niaiserie et l'incohérence absolues le jour de l'inspection.

En voici une autre : — « Voulez-vous me montrer votre journal de classe? dit l'inspectrice en arrivant. — Madame, il n'est pas fait! — Ah! vous avez au moins, n'est-ce pas, réfléchi à ce que vous feriez aujourd'hui? — Oh! oui! — Bien, voulez-vous commencer alors. — Oui, madame. — Je vous écoute! — Madame, qu'est-ce que vous voulez que je fasse : une récitation, un chant, un exercice de langage? » (Et cela me rappelle les anciennes marchandes de nouveautés des rues ou du Temple qui demandaient : *Qu'est-ce qui* vous faut, madame, une robe, un jupon, un fichu? — ou le marchand qui crie aux entr'actes : *Glace, orgeat, limonade?* — « Mademoiselle, répondis-je, veuillez faire ce que vous aviez l'intention de faire aujourd'hui, et dans l'ordre où vous avez préparé les exercices, suivant votre horaire. »

Et j'assiste en douze minutes à trois chants, deux exercices de langage (voyez le 1er exemple), et enfin la récitation commence!

Mais ce qui aggrave le cas, c'est que cette institutrice, qui a le brevet supérieur, parle un langage tout à fait incorrect, car elle ne sait plus bien ce qu'elle dit. Pour le second exercice de langage, elle a avisé au mur une image représentant un animal qu'elle fait décrire. — Mais dans quel ordre! mais dans quel langage! Toutes les questions seraient à citer!

Croit-on qu'on entendrait des leçons aussi lamentables si le journal de classe était régulièrement fait? Non, je l'affirme.

Pour faire un journal de classe, il faut penser à sa classe, la vivre par anticipation. Il y a donc un effort d'intelligence, un rappel à l'obligation de faire un travail profitable aux enfants. Il n'y a pas d'institutrice qui ayant pensé à sa classe — ne serait-ce qu'un quart d'heure chaque soir pour le lendemain, — qui, ayant conscience qu'elle doit travailler pour le bien des enfants, n'ait en outre le respect d'elle-même, et ne tienne à faire quelque chose de convenable, — et par conséquent qui ne le fasse.

On m'objectera, d'une part, que le journal de classe n'est pas obligatoire. — Nous sommes d'accord. Mais ce qui est obligatoire indéniablement, c'est de faire bien sa classe; — et l'un des meilleurs moyens de la bien faire c'est d'y avoir pensé, c'est d'avoir préparé les différents travaux de la journée, afin de n'en pas oublier, et de les faire au mieux des intérêts des enfants.

Faire son journal de classe, c'est ne pas venir en classe simplement pour faire son métier dont on touchera le prix à la fin de chaque mois; c'est ne pas penser que les écoles sont faites pour les institutrices et non les institutrices pour les enfants.

Faire son journal de classe chaque soir, c'est faire la prière laïque quotidienne en faveur de l'œuvre que l'on a le devoir de bien accomplir.

Faire son journal de classe, c'est s'assurer pour le lendemain la tranquillité d'esprit avec la certitude d'un travail fructueux; c'est enfin faire preuve de conscience, de probité morale, et de valeur intellectuelle. — Ce ne sont pas, il me semble, choses à dédaigner.

D'autre part, on objecte ceci : Qu'est-ce qui vous prouve que ce que porte le journal de classe est réellement fait au cours de la journée, que ce qui est écrit ne l'est pas pour la montre?

Je répondrai hardiment que j'ai confiance dans les institutrices; — que lorsqu'elles affirment — de par leur journal de classe — que telle ou telle chose a été faite, je les crois, de même qu'elles doivent me croire quand j'affirme; — qu'il y a chance pour qu'une chose à laquelle on a songé et qu'on a écrite soit faite; — et qu'enfin, si une institutrice était capable de faire chaque jour son journal de classe sans profiter de son travail et sans en faire profiter les enfants — ce qui serait un non-sens, — j'y trouverais en inspection un bénéfice réel, car je n'entendrais certainement pas les choses cocasses que j'ai entendues, et les enfants auraient ce jour-là une classe mieux faite. — Il n'y a pas de petits bénéfices dans la vie!

Enfin, l'institutrice qui pour une fois aurait bien fait sa classe, s'apercevrait que c'est plus agréable que de la mal faire, et elle se déciderait peut-être à mettre en action ce qu'elle aurait écrit sur son journal. Tout arrive!

Extrait d'une conférence sur la préparation de la classe.

Mesdames, je vous ai réunies d'abord parce qu'il est bon que nous nous voyions souvent, que nous examinions en commun les intérêts de nos écoles, que nous apprenions chaque jour à mieux nous connaître, et partant, je l'espère, à nous apprécier davantage.

Mais, de plus, il m'a paru urgent de traiter avec vous certaines questions qui ne sont pas encore très nettement définies dans tous les esprits, — qui sont maintenues assez dans l'indécision pour que ceux qui entourent l'école maternelle ne sachent pas bien clairement ce qui s'y passe.

Et il arrive que, ne nous connaissant pas ou nous connaissant mal, on nous calomnie. Or, vous le savez, « calomniez, il en restera toujours quelque chose ! »

Eh bien, mesdames, il en est resté quelque chose dans mon esprit : c'est que malgré les efforts des inspectrices maternelles, il y a bien, de-ci de-là, des institutrices qui donnent prise à la critique.

On m'a affirmé que, dans une école maternelle, des enfants emportent des devoirs à faire à la maison; mais pour que la chose ne soit pas découverte, — si par hasard quelque autorité survenait, — on emploie pour le devoir une simple feuille de papier, qui est cachée sous le tablier de l'écolier, et qu'il rapportera de la même façon le lendemain matin.

C'est une calomnie. Je ne crois pas que personne puisse faire cela, mais c'est trop qu'on le dise.

Les directrices d'école maternelle doivent avoir

à cœur de justifier l'espoir qu'on a mis en elles. Chacun veut pour les enfants « le perfectionnement des méthodes Frœbel, Pape-Carpantier, Delon, et de tous ceux qui se sont occupés des jeunes enfants ».

En attendant, quel est le remède? Quel est le moyen à employer po[ur] que cessent les calomnies qu'on sème à plaisi[r s]ur vous, mesdames? Il est simple; il est à votr[e p]ortée, car il est tout entier dans le journal de classe. Je vais donc vous parler du journal de classe. J'aurai d'autres choses à vous dire ensuite; mais le journal de classe doit retenir tout particulièrement votre attention; et. quand vous m'aurez quittée, c'es[t] lui encore qui devra être le sujet de vos méditations.

La mode, autrefois, était d'écrire ses mémoires; *on se racontait*, on se montrait peut-être un peu mieux que l'on n'était; on se peignait comme il aurait fallu être et non tel qu'on était réellement. La conscience humaine est sujette à ces faiblesses; mais on était de bonne foi, on était sincère.

Il en doit être ainsi pour le journal de classe; il retrace la vie quotidienne de la classe; il constitue comme les mémoires de l'institutrice. Sa première qualité sera donc d'être sincère, sincère avec soi-même, sincère vis-à-vis de la directrice qui le signera chaque semaine, sincère vis-à-vis de l'horaire qui attribue sa place, son temps à chaque matière et qu'on n'éludera pas.

Chaque jour l'institutrice écrira ce qu'elle va faire véritablement, non pas ce qu'elle devrait faire. Avant de l'écrire, elle y pensera d'avance et ne portera sur son journal que ce qui constituera véridiquement la classe. Et, chaque jour, elle se posera cette question : « Mon journal de classe ne contient-il bien que des exercices convenant à des enfants de cinq à six ans, à des enfants de trois à cinq ans? » Poser la question, c'est la résoudre; c'est s'obliger à faire un journal de classe pour l'école maternelle, facile à reconnaître entre tous, et qu'on ne saurait prendre pour un journal d'école primaire.

Qu'on ne vienne pas me dire ensuite : « Il arrivera ceci : c'est qu'on fera très bien le journal de classe, mais qu'on ne le suivra pas. » Jamais je n'accepterai pareille insinuation. Jamais je ne croirai qu'une institutrice qui a fait son journal de classe en vue de montrer qu'elle se conforme à la circulaire du 22 février 1905, qu'elle applique les méthodes maternelles, ne suit pas ce journal et fait de l'enseignement primaire en cachette. Jamais je ne croirai qu'une directrice d'école appose sa signature sur un journal de classe menteur pour lui donner par complicité l'estampille de la vérité. On peut être attaché sincèrement à de vieilles idées; on peut trouver qu'il en coûte de suivre des ordres qu'on comprend mal. Mais tromper avec cette préméditation, c'est ce que je ne croirai jamais, c'est ce que je me refuse à admettre.

Il se produit donc ceci : on ne fait pas de journal de classe. La question est ainsi simplifiée, du moins en apparence, puisqu'on peut faire tout ce que l'on veut n'ayant rien annoncé, puisqu'on peut faire de l'écriture, de la lecture, impunément, sans se mentir à soi-même ni aux autres. La directrice qui tolérerait cela serait grandement coupable. Certes, dans sa duplicité, elle se croirait tranquille et l'adjointe aussi pendant des jours et des jours. Seulement, que l'inspection entre dans l'école, la fraude sera découverte, car il n'est pas long de voir ce qui se passe : on trouve un journal de classe vague, très vague. Qu'y a-t-il dessus? rien ou presque rien. Et quand on s'informe et qu'on dit : « Il est onze heures, depuis ce matin qu'a-t-on fait? » on constate : pour la section de trois à cinq que rien n'a été fait; pour la section de cinq à six que les enfants ont écrit et lu tout le temps!... Je sais une école où les choses se sont passées ainsi tout récemment.

Rappelez-vous, mesdames, que l'école maternelle ne doit être ni une école primaire, ni une garderie. Donc les institutrices qui n'ont rien fait, ou qui n'ont fait que de la lecture et de l'écriture sont aussi coupables les unes que les autres; et la directrice qui supporte cela est solidaire et responsable de la faute; une directrice a pour devoir de diriger selon les instructions officielles.

Voici alors la défense que l'on présente. Ce fut, d'ailleurs, une des rares objections qu'on m'ait faites au cours de mes inspections, — car vraiment je trouve le plus souvent un personnel, non seulement déférent, mais désireux, au moins dans la forme, de me faire plaisir. Ce fut même la première. Comme j'avais demandé le journal de classe, il me fut répondu avec beaucoup de grâce, par la directrice (elle défendait l'institutrice qui n'avait pas de journal de classe) : « Vous n'ignorez pas, madame l'Inspectrice, que le journal de classe n'est pas obligatoire. » Je vous assure qu'il y a des heures où il est bon d'avoir été adjointe dix-huit ans pendant lesquels on a fait consciencieusement son journal de classe sans qu'il fût obligatoire, pour entendre avec une douce philosophie des réflexions de cette nature.

J'ai répondu ce que je vais vous répéter aujourd'hui, car je n'ai pas changé d'opinion : « Non, le journal de classe n'est pas obligatoire; mais il n'est pas obligatoire non plus de donner une bonne note. » Et j'ajoute que ce n'est plus seulement mon expérience d'institutrice et de directrice qui me permet de parler ainsi : non, le journal de classe n'est pas obligatoire, mais la préparation de la classe est un devoir. Et c'est une vérité presque infaillible de dire qu'un journal de classe bien préparé assure le bon travail de la journée.

D'ailleurs, en ce moment, je ne discute ni de la valeur du journal, ni de son importance pour bien faire sa classe. Je proclame seulement sa nécessité d'être, sa sincérité obligatoire. Le journal de classe, c'est le démenti aux accusations du dehors; sa sincérité, c'est pour moi l'assurance qu'on fait son devoir aussi largement que le permettent les moyens dont on dispose.

Jamais — et cela, mesdames, c'est pour vous une obligation de le répéter à votre personnel — je ne note très mal une adjointe qui a un journal de classe fait suivant la méthode maternelle; car si la classe est mauvaise, malgré le journal, je suspends mon jugement; si la classe est médiocre, un bon journal me permet de relever la note sachant bien que l'institutrice n'est plus, en ma présence, en possession de tous ses moyens. Si le journal de classe est médiocre et que la classe soit à peu près bien faite je mets une note d'attente qui n'entrave pas l'avancement. Mais s'il n'y a pas de journal : c'est la garderie ou l'école primaire sous-entendues. Je ne veux ni de l'une ni de l'autre. Je tiens à être en sécurité, en sincérité, comme le personnel l'est vis-à-vis de moi. J'ai besoin d'être en communion avec vous... et je ne peux l'être que par le journal de classe.

Le sabotage.

J'étais, il y a quelque temps, occupée, dans un petit bazar d'une ville d'eaux, à choisir des cartes postales et j'y mettais cette sage lenteur qu'on savoure avec délices après le surmenage.

Une jeune femme entra, souriante, pimpante, traînant un miochon de quatre ans environ après ses jupes. Elle voulait des bas; elle s'en fit montrer de bien des prix, et ce qui l'intéressait c'était surtout que les bouts de pied et les talons fussent renforcés. Pour prouver son bon droit à avoir cette exigence, elle expliqua au marchand que faisant la classe toute la journée, elle n'avait guère de temps pour raccommoder des bas. « Et puis, ajouta-t-elle péremptoirement, j'y mets le p[illegible], n'est-ce pas? Donc donnez-moi quelque chose de bon. »

Il fallut ensuite pour le petit garçon une coiffure; béret ou casquette, je ne sais plus; mais ce que je sais bien, c'est que je me suis ruinée en cartes postales pour pouvoir suivre le manège de la jeune femme. La coiffure était trop grande ou ne garantissait pas les yeux, ou descendait trop sur le nez. Que sais-je? Ceci eût été fastidieux à écouter si je n'avais dû admirer vraiment la patience de la vendeuse pour faire un léger bénéfice, et aussi le sérieux et la conviction de l'acheteuse, sachant bien que ce qui vaut la peine d'être acheté vaut la peine d'être examiné et qu'elle devait en avoir « pour son argent ».

Les achats terminés, elle s'éloigna; je quittai le magasin, pourvue de cartes pour longtemps, et rêvant à ce que serait cette petite femme le jour de la rentrée à l'école.

Je l'avais vue gaie, active, défendant son argent, lui faisant donner le maximum de ce qu'il pouvait rendre : que serait-elle, quand, pour la première fois de l'année scolaire, elle se retrouverait avec les bambins, ses élèves? Aurait-elle la physionomie éveillée, aurait-elle le sourire sur les lèvres, regarderait-elle avec tendresse ces minois qui se tendraient vers elle, sans lui rappeler, pourtant, le cher petit laissé à la maison? Aurait-elle la préoccupation de se bien préparer à suivre son programme, se demanderait-elle enfin pourquoi elle était là, ce matin de rentrée, pour quels devoirs elle avait été appelée au poste qu'elle occupait?

Ou bien, nerveuse, n'ayant pas la possession calme de soi-même, mécontente de n'être plus en vacances, se dirait-elle : « Hélas! c'est tous les ans la même chose, il va falloir recommencer. » Et haussant les épaules ou jetant un regard indifférent sur les pauvres petits qui sont devant elle, dédaigneuse du bien à faire, poussera-t-elle un soupir de regret?

O petite maman bien prudente qui vous occupiez si gentiment de votre marmot! O petite ménagère avertie qui vouliez tant et si bien que votre argent vous donne toute la satisfaction qu'il peut procurer, vous qui preniez si fort au sérieux votre rôle d'acheteuse, n'allez-vous pas aujourd'hui saboter votre rôle d'institutrice?

Vous avez le juste souci de bénéficier de tous vos droits. Mais n'est-ce pas justement parce que vous avez une carrière qui vous assure un traitement à échéance mensuelle que vous pouvez si allègrement faire des achats et coiffer votre miochon à l'air de son visage? Songez-y! C'est parce qu'il y avait l'année dernière, comme il y aura cette année et les années suivantes, de petits êtres bruns ou blonds alignés devant vous, desquels *il faut* vous occuper, — c'est votre devoir absolu, — que vous avez pu vous reposer dans la sécurité des gains acquis par le travail. Ne sabotez pas votre métier, chère petite institutrice, qui, par ce temps de vacances, alliez si gaiement par la ville. Pensez quelle serait votre indignation si la marchande qui vous vendit des bas, vous avait trompée sur la qualité, vous avait dupée et vous les avait fait payer plus cher qu'ils ne valent!

Une fois en classe, songez bien que si vous ne devez pas aux enfants l'amour, vous leur devez votre bonté, votre sollicitude, votre temps, votre peine; vous leur devez de la bonne humeur, de la patience; vous leur devez de les rendre meilleurs et plus aptes, chaque jour, à la vie qui les attend. Si vous ne leur donnez qu'une présence ennuyée, si vous êtes mécontente, indifférente, vous sabotez.

Si à un moment vous manquez quelque peu de courage, souvenez-vous de la vendeuse qui accomplissait vis-à-vis de vous son métier, avec un sourire sur les lèvres et une patience inlassable. Pensez à toutes les femmes qui, dans les magasins, partout où il faut gagner sa vie, dépensent leurs forces, leur bon vouloir, leur obligeance pour plaire à ce maître exigeant et difficile qu'est le public, — car le public, comme vous le vouliez vous-même, petite institutrice si gentille, en veut « pour son argent ». Et il a raison, comme vous aviez raison quand vous achetiez béret et bas.

Votre public à vous c'est votre classe. Vos clients ce sont les pauvres petits sans expérience et sans défiance dont vous avez charge. Leur faiblesse est à votre merci. Vous devez leur être secourable et consolatrice. Mesurez ce que la vie rude qu'ils mèneront leur réserve de douleurs et de tristesses, et vous serez bonne. Ne vous faites pas complice de duretés prématurées et imméritées. Vous savez bien qu'ils ne peuvent pas se défendre, qu'ils pâtiraient misérablement du mal que vous laisseriez faire autour d'eux et sur eux, et qu'ils ne sauraient pas vous faire souffrir. Ne sabotez pas votre ouvrage. En entrant dans le rang des institutrices, vous avez trouvé une situation honorable; en échange, vous vous êtes engagée à remplir, vis-à-vis de ces petits, tous vos devoirs sans en excepter un seul. Et j'ai l'absolue confiance que la très grande majorité des institutrices tient l'engagement pris.

La tâche est souvent pénible; il en est ainsi de toutes les tâches; les devoirs sont quelquefois difficiles à remplir; vous connaissiez ceux qui vous incombent quand vous avez sollicité l'emploi que vous occupez et que tant d'autres ambitionnent sans l'obtenir.

Ne vous bercez pas d'illusions, ne vous grisez pas de sophismes, ne dites pas : « Que je fasse bien ou que je sabote, j'arriverai aussi bien qu'une autre. » Ceci est faux et ne saurait être en tout cas une excuse vis-à-vis de votre conscience; vous ne pourriez pas vous tromper vous-même, si vous ne faisiez pas tout ce qui est votre devoir. Et puis « vous n'en donneriez pas pour votre salaire ».

Le mot est gros et répugne à notre délicatesse; aussi bien pourtant il doit être dit. Oui, nous sommes payées pour faire notre métier; oui, il faut toutes, tant que nous sommes, le bien faire pour gagner notre argent. Pas de sabotage. Faisons-le noblement, dignement. Ne mendions pas notre traitement par une présence effective mais passive et inefficace; gagnons-le par notre application à être des éducatrices et des secondes mères.

On a dit que le métier d'instituteur est le plus noble de tous. Il est noble parce que le but poursuivi, qui est de créer des âmes et des intelligences, est élevé entre tous. Mais il est noble aussi parce qu'il est composé tout entier de nos efforts personnels. Que les lois, les règlements, les inspections sont en réalité peu de chose pour ou contre nous, quand il s'agit seule à seuls avec les enfants d'accomplir notre devoir! Toute notre force est en nous; toutes nos puissances pour le bien à faire émanent de notre volonté, et ne sont efficaces que si nous le voulons.

Nous pouvons être la cause de tant de mal, en laissant aller les choses, en ne réalisant pas tout le bien que nous pouvons, en ne faisant pas notre devoir!

Que ceci ne sorte pas de votre mémoire!

Ce sont des choses, si rudes qu'elles soient, qu'il faut vous dire, jeunes institutrices qui débutez, jeunes mamans un peu découragées de laisser vos enfants à la maison, institutrices dont les cheveux blanchissent, qui commencez à trouver la route longue! *Sursum corda*, — les cœurs plus haut! — Remplissons bravement, honnêtement, en conscience et toujours, notre rôle d'éducatrices et de protectrices des petits.

CHAPITRE VII

LE JEU

Les jouets et les jeux. — Le jeu et la discipline. — Travail et jeu.

Les jouets et les jeux à l'école maternelle.

Toutes les personnes que préoccupe l'application de la circulaire du 22 février 1905, ont comme souci principal d'employer à des jeux le temps consacré autrefois à l'étude de la lecture, de l'écriture, du calcul, de l'histoire et de la géographie, ces jeux ayant toujours un but éducatif et préparant l'enfant à savoir jouer lui-même et tout seul. Le jeu qu'on lui fait exécuter est une sorte d'exercice type, de modèle à imiter, à appliquer à des sujets analogues; c'est comme une leçon théorique, et un thème pour d'autres jeux.

Mais à quel moment de la journée faut-il faire jouer les enfants âgés de moins de cinq ans?

Il n'y a pas de doute : c'est à peu près toute la

journée. Et, d'abord, il est bien entendu que c'est aux heures consacrées autrefois aux études dont je donne la nomenclature plus haut.

Il semble bien, en effet, que s'il est une question pédagogique sur laquelle l'entente devrait être complète, c'est celle du jeu.

Hélas! il n'en va pas ainsi. Et c'est grand dommage que, sous couleur d' « expérience », on mette des entraves à la marche en avant. Les conditions de la vie se transforment chaque jour : nous devons appliquer nos efforts aux besoins nouveaux. L'opinion générale sur l'hygiène des tout petits et les soins préventifs à prendre, s'est faite de nos jours impérieuse. On ne peut plus y être indifférent, ni se figer en des formules archaïques.

L'expérience n'est pas toujours l'apanage de l'âge. Elle vaut si elle est libérale, humaine, si elle prépare le progrès, — et point, si elle s'attarde aux choses d'un régime qui a fait son temps, et si elle est en réaction contre le mieux.

L'expérience! Mais croit-on par hasard qu'elle puisse amener à refuser aux enfants de moins de cinq ans de jouer avant qu'il soit quatre heures? à les faire travailler tout le jour? à les condamner à l'effort meurtrier avant qu'ils soient formés? à leur faire attendre la nuit en hiver pour leur permettre un peu de joie?

L'homme est né pour chercher le bonheur, pour

marcher vers le mieux, le meilleur ; la loi du progrès est inéluctable.

L'enfant est né pour jouer jusqu'à l'âge de raison. Il faut qu'il dépense son activité physique, qu'il s'agite, qu'il exerce ses muscles pour les former par des mouvements incessants. Ses facultés intellectuelles ne se manifestent pas tout de suite ; pendant plusieurs années, il est incapable d'écouter, sauf avec sa mère ou sa nourrice ; il ne peut pas penser, ni comprendre, ni fixer son attention sur les choses extérieures. Il ramène tout à lui. Il ne faut pas compter lui apprendre quelque chose autrement que par les sens et le jeu.

Nous sommes en présence d'une circulaire admirable ; il semblerait que tout le monde dût avoir à cœur de s'en inspirer au grand profit de cette éducation première des facultés de l'enfant !

Ce n'est pas une utopie de vouloir faire jouer[1] — au moyen de jeux éducatifs — les

1. *Nécessité des jeux.* — Laissez longtemps agir la nature avant de vous mêler d'agir à sa place, de peur de contrarier ses opérations. Vous connaissez, dites-vous, le prix du temps, et n'en voulez point perdre. Vous ne voyez pas que c'est bien plus le perdre d'en mal user que de n'en rien faire, et qu'un enfant mal instruit est plus loin de la sagesse que celui qu'on n'a point instruit du tout? Vous êtes alarmé de le voir consumer ses premières années à ne rien faire ! Comment ! n'est-ce rien que d'être heureux? n'est-ce rien que de sauter, jouer, courir toute la journée? De sa vie il ne sera si occupé. Platon, dans sa *République*, qu'on croit si austère, n'élève les enfants qu'en fêtes, jeux, chansons, passe-temps ; on dirait qu'il a tout fait quand il

enfants aux heures de classe! Ainsi on leur fera contracter de bonnes habitudes, on stimulera leurs facultés, on leur apprendra, par ce moyen indirect et récréatif, des choses utiles. C'est difficile aujourd'hui, parce qu'on n'a pas la variété de jeux que réclamerait dès le premier jour une telle entreprise; et si on a trop lu et trop écrit à l'école maternelle, c'est parce qu'on n'a pas assez joué, c'est parce qu'on n'a pas cherché assez de sujets de jeux. Mais le personnel s'y applique, et, après un temps de tâtonnements, il saura créer de lui-même — il y réussit déjà — des exercices, des jeux, qui seront à l'ancienne méthode ce qu'est une fleur vivante à la fleur artificielle.

Ce sera pour le personnel un effort considérable à faire; mais ce que j'ai vu, l'entrain que j'ai presque partout rencontré, me donnent la sincère confiance qu'il fera cet effort de bon cœur, d'élan, — avec le courage dont les institutrices sont coutumières.

On n'est donc pas fondé à dire : « Les enfants

leur a bien appris à se réjouir; et Sénèque, parlant de l'ancienne jeunesse romaine : « Elle était, dit-il, toujours debout, on ne lui enseignait rien qu'elle dût apprendre assise. » En valait-elle moins parvenue à l'âge viril? Effrayez-vous donc peu de cette oisiveté prétendue. Que diriez-vous d'un homme qui, pour mettre toute la vie à profit, ne voudrait jamais dormir? Vous diriez : « Cet homme est insensé; il ne jouit pas du temps, il se l'ôte; pour fuir le sommeil, il court à la mort. » Songez donc que c'est ici la même chose, et que l'enfance est le sommeil de la raison. (J.-J. ROUSSEAU, *Émile*, liv. II.)

ne doivent pas jouer dans la journée; mais, de quatre heures à six heures, — après la classe, — les institutrices les feront jouer : jeux de balles, jeux de quilles, etc. »

Hé quoi! on ferait si bon marché de la nature de l'enfant, et de la personne des institutrices? Mais ignore-t-on ce qu'une journée de classe à l'école maternelle représente de fatigue? Oublie-t-on les difficultés de la tâche?

Comment, voilà des institutrices qui, en plus de leur classe, fournissent deux heures de présence le jour de garde, et on veut leur imposer une charge de plus! Elles donnent dans la journée le maximum de ce que permet leur santé et on veut encore aggraver leur tension nerveuse par un nouvel impôt scolaire!

Elles donnent, ces institutrices des « maternelles » si dévouées aux enfants, plus de temps que l'ouvrier n'en consacre quotidiennement au travail!

Croit-on que la fatigue d'une adjointe est chose infime à côté de celle d'un fonctionnaire plus favorisé?

De quatre à six heures, après la classe du soir, le personnel a une garde à faire; c'est une garde sans plus dans ces heures-là; le personnel doit sa présence, son temps; il ne doit pas un travail forcé. On peut être sûr que les institutrices ne se désintéresseront pas des enfants. Mais on ne doit pas leur imposer une nouvelle obligation.

Tout ce que les institutrices donnent de dévouement, de soins, tout ce qu'elles dépensent d'affection, de tendresse pour nos petits à ces heures de garde, c'est un don gratuit d'elles-mêmes qu'il n'est pas possible de rendre obligatoire, en dehors de cette surveillance matérielle qui assure aux enfants la sécurité.

Oui, quelque chose est à faire pour ces heures-là, je l'ai déjà dit dans mon chapitre *Les Nurses à l'École maternelle;* mais ces deux heures de liberté, de repos relatif, ne sauraient être transformées en une classe organisée.

Les enfants eux aussi ont besoin de repos; quand on leur aura fait la classe, sous forme de jeux éducatifs, toute une journée, ils auront besoin de se détendre et de faire en liberté tout ce qui leur convient, hormis le mal.

Le jeu et la discipline.

L'enfant à l'école maternelle ne doit pas être considéré comme un écolier; les procédés qui conviennent aux véritables élèves ne sauraient lui être appliqués; ils doivent être au moins modifiés pour qu'il les subisse.

A quelle discipline convient-il de le soumettre?

Tout d'abord, je répondrai à une réflexion

qu'une directrice faisait devant moi : « Maintenant qu'il ne doit plus y avoir de discipline à l'école maternelle... »

Eh bien! si : à l'école maternelle, il doit y avoir une discipline, — par conséquent de la discipline.

Personne ne peut en douter, car personne n'ignore qu'il serait tout à fait impossible de gouverner une agglomération d'individus — petits ou grands — sans que ceux-ci obéissent à des règles générales de conduite qui assurent la possibilité de l'ordre, le respect des usages et des habitudes reconnues nécessaires.

Donc, toutes les fois qu'il s'agit de l'intérêt de l'ensemble, toutes les fois qu'on fait agir des êtres en commun, des règles de discipline doivent être établies et chacun doit obligatoirement les respecter. A tel signal, les enfants se mettent en rang; à tel autre, ils vont au lavabo; pour tel mouvement, ils doivent être alignés; etc., etc.

L'enfant, étant par nature — c'est-à-dire parce qu'il est enfant — imitateur, a tôt fait de se soumettre à ces règles et de faire ce que font ses petits camarades. Il y obéit facilement et sans déplaisir — plutôt même par jeu.

Mais c'est à condition que cette discipline soit une discipline active, si je puis m'exprimer ainsi, — j'entends qu'elle oblige l'enfant à des mouvements, à des actes successifs, et non qu'elle le condamne à la passivité.

Si cette discipline n'existait pas, il faudrait l'inventer; car il serait tout à fait impossible de grouper un grand nombre d'enfants sans elle. Le désordre, les accidents surviendraient bientôt, et les institutrices auraient vraiment à exercer un métier au-dessus de leurs forces.

Comment a-t-il été possible de croire que quelqu'un, « moi ou d'autres », nous pensions que la discipline ne devait pas exister à l'école maternelle?

Il faut bien croire que quelque chose a été dit, et sans doute dit par moi, pour avoir donné lieu à cette traduction de ma pensée : « Il ne doit plus y avoir de discipline à l'école maternelle. »

Et ce quelque chose, le voici, très probablement : L'enfant ne doit pas être soumis à une discipline qui le rendrait « passif », qui serait la négation de sa nature, laquelle est *activité*, *agitation* et *mouvement*. Donc j'ai dû dire, et même je suis bien certaine d'avoir dit : « Ne répétez pas constamment : *Soyez sages;* n'immobilisez pas vos enfants des quarts d'heure entiers sur des bancs en leur répétant : *Ne bougez pas*. Ne les obligez pas à se tenir comme de petits soldats au port d'armes ou le doigt sur la bouche. Ne leur donnez pas l'impression que l'école c'est le silence obligatoire et perpétuel, le lieu de l'immobilité; qu'y bouger est un crime, qu'y parler est un méfait. »

Non, qu'ils aient au contraire bien nettement l'impression que l'école c'est la continuation de la vie à la maison, au dehors, au milieu des autres; qu'on y va, vient et parle, qu'on s'y meut suivant certaines lois, comme cela se passe dans l'existence ordinaire.

Par conséquent, ayez de la discipline, mais, seulement dans la mesure où elle est indispensable, — mais seulement aux heures, ou plutôt aux minutes où elle s'impose : — qu'à ces instants, elle soit légère aux petits; qu'elle les enveloppe, les défende contre eux-mêmes, et qu'elle cesse dès que la collectivité n'en fait plus une nécessité absolue. Qu'elle cesse surtout, en classe, quand l'enfant n'a plus qu'à obéir individuellement, presque comme dans la famille.

Car — et c'est cela qu'il faut bien saisir — dans l'école, pour tous les mouvements d'ensemble, il faudra « de la discipline »; dans la classe il ne faudra plus que « de l'obéissance ». Chacun redeviendra soi-même; chacun aura, en son institutrice, une maman obéie et respectée par affection, en confiance.

Aux institutrices à saisir cette nuance, à elles de s'appliquer à la comprendre dans toutes ses tonalités.

Travail et jeu.

Voici maintenant la contre-partie.

Une autre directrice me dit : « Maintenant qu'à l'école les enfants ne doivent plus que jouer. »

En principe, il est naturel, — on pourrait écrire qu'il est scientifique de dire : les enfants ne doivent que jouer, ils ne doivent pas travailler. Dans un récent numéro du *Volume*, il est démontré qu'un enfant au-dessous de sept ans doit travailler à peine une heure par semaine.

Si nous acceptons cette théorie, en la comprenant mal, que devient l'école maternelle? Il est bien évident qu'elle cesse alors d'être une école et qu'elle n'est plus qu'une garderie.

Or, entre l'école maternelle transformée en école primaire et l'école maternelle redevenue une garderie, il y a place pour une école qui essaie dans la mesure du possible de remplacer la mère, d'où son nom de « maternelle », et son rôle éducatif.

En réalité, dans cette école, on fait, on doit faire de la « puériculture », c'est-à-dire la culture des petits. Qui dit culture, dit soins attentifs, intellectuels, matériels, moraux. Ceci se rapporte bien à la définition exacte donnée par le décret du 18 janvier 1887 : « Les écoles maternelles sont des établissements de première éducation où les enfants des deux sexes reçoivent, en commun, *les soins* que réclame leur développement physique, moral, intellectuel. »

Comment donc concilier ce besoin de jouer qui est irrésistible chez l'enfant, avec l'éducation qu'on doit lui donner?

Tout simplement en faisant du jeu le moyen d'éduquer l'enfant. Le jeu est pour l'enfant un but en lui-même, il doit être pour nous un moyen D'où ce nom de *jeux éducatifs* qui tend à prendre de plus en plus de place dans notre langage de pédagogie maternelle.

Par conséquent, si on entend par « jeu » qu'il faut abandonner l'enfant à lui-même[1], le laisser sauter, courir, aller, venir, se rouler, grimper des heures entières sans intervenir; — qu'il suffit de confier à des enfants des perles à enfiler toute une après-midi, comme cela s'était pratiqué, dans une école où l'institutrice avait répondu grave-

1. *Il y a cent ans : Les écoles maternelles en 1793.* — Dans le projet de décret sur les bases de l'éducation publique ou l'art de former les hommes, présenté à la Convention nationale (1793) par P.-C.-Fr. Dupont (des Hautes-Pyrénées), on lit :

« Il y aura une école primaire dans tout point central où il pourra se faire un rassemblement de 400 individus.

« Les élèves ne pourront y être reçus qu'à l'âge de six ans.

« Jusqu'à cet âge, l'éducation sera commune aux deux sexes.

« Elle ne consistera que dans des exercices *volontaires*, propres à fortifier leurs organes et à développer leurs goûts et leurs penchants.

« On ne pourra les assujettir à aucune étude autrement que par manière de récréation. »

ment à l'inspecteur : « Je ne peux pas faire autre chose, Mme l'Inspectrice ne veut pas que les enfants travaillent » ; — si on agit ainsi, on se trompe lourdement et, ce qui est pire, on se trompe volontairement.

L'enfant doit jouer, oui ; mais toutes les fois que vous lui donnez une occupation qui a l'allure d'un jeu, vous donnez satisfaction à ce besoin et en même temps vous remplissez votre rôle éducatif.

Relisez les pages de Frœbel, voyez ce qu'on peut faire pour des enfants qu'il est nécessaire d'occuper. Adaptez sa méthode à nos idées françaises, aux nécessités de notre activité intellectuelle, à notre civilisation.

Et alors vous aurez une idée à peu près nette de ce qu'on veut dire, quand on affirme que les enfants doivent jouer, et de ce que peuvent être des jeux éducatifs.

Toutes les fois qu'un exercice réunira les avantages suivants : occuper l'enfant (sans l'astreindre à l'immobilité), l'obliger à être attentif volontairement, lui donner des habitudes ou de soin, ou d'ordre, exercer ses doigts à l'agilité, sa main à de la délicatesse, son corps à des mouvements gracieux, son esprit à une légère tension, sa volonté à une certaine application, cet exercice sera excellent, mais il ne le sera qu'à condition d'être un jeu ; c'est-à-dire que l'enfant restera conscient de la liberté qu'il a de faire ou de ne pas faire ce qu'exige l'exercice pour être suivi, — le propre du jeu étant justement de n'être pas une obligation.

Donc éduquez vos enfants à l'aide de jeux, — c'est-à-dire que votre programme comporte au moins deux fois par jour des exercices avec cubes, lettres mobiles, dés, anneaux, cartons, coquilles, graines, papier de couleur, lattes (sans préjudice du travail manuel), qui développeront les facultés d'imitation, d'attention, de volonté, de soin, etc.; — mais que ces exercices restent bien des jeux et que jamais une parole de reproche (mais seulement des conseils et des encouragements) n'intervienne pour contrister l'enfant indolent que l'exercice proposé n'aura pas tenté; mais aussi que des compliments soient accordés sans marchander à ceux qui ont bien su reproduire un château de cartes ou qui ont délicatement détaché un cube d'un édifice élevé avec soin, sans en faire tomber les autres parties. Quelle maman n'admire ou ne paie d'un baiser la patience d'un cher petit qui a, à grand'peine, élevé une tour avec des dominos!

Donc, des jeux sont nécessaires, — des jeux éducatifs réglés en vue d'un but à atteindre, — aussi nécessaires que le jeu libre où l'enfant pendant quelques instants est abandonné à lui-même et où il peut chevaucher sa chimère et lui faire prendre corps dans ses ébats.

Le jeu et la discipline étant compris de cette façon, nous verrons ce que devient le programme des écoles maternelles et comment il répond — même ainsi — aux besoins des institutrices qui ne se sentiraient pas des « institutrices » si elles ne faisaient pas la classe. Elles verront qu'elles la pourront faire encore — et très bien, je l'espère; — seulement ce ne sera pas une classe primaire, et il leur faudra plus de ressources dans l'intelligence, plus de tact, pour y réussir complètement.

CHAPITRE VIII

LA DISCIPLINE

Qu'est-ce que la discipline[1] ? — Division des petits. — Les enfants indociles et les enfants désobéissants. — L'obéissance. — Punitions.

De la discipline et des moyens propres à obtenir la discipline.

« Celui qui n'est pas discipliné est sauvage. »
KANT.

1° *Qu'est-ce que la discipline?*

C'est l'ensemble des lois qui régissent un groupe d'individus ayant mêmes besoins, mêmes devoirs, même idéal. Nul n'est censé ignorer la discipline du groupement d'êtres auquel il appartient.

2° *Quelles sont les qualités que doit avoir la discipline?*

Il faut qu'elle procède d'un esprit de justice, qu'elle soit immuable, ferme, souple.

3° *Quels sont les moyens propres à assurer la discipline dans une école?*

1. Dans les classes primaires et enfantines.

Un des meilleurs moyens est de parler avec calme, avec douceur, avec la possession de soi-même. Les intonations de voix criardes irritent l'enfant parce qu'elles produisent sur son organisme un effet désagréable. Tout le monde sait la puissance de la musique sur les êtres bien organisés; la voix doit caresser plutôt que frapper; en tout cas elle ne doit jamais atteindre les tonalités aiguës. Parler fort c'est laisser croire qu'on oublie que les élèves doivent se taire; c'est le leur faire oublier tout au moins.

Une éducatrice ne doit jamais perdre de vue que le bruit engendre le bruit, que plus elle parle haut, moins l'enfant écoute, qu'elle compromet sa dignité en gesticulant, et que l'enfant qui saisit facilement le côté grotesque des choses, se rit d'elle quand son calme l'abandonne. Le calme en effet décèle la force morale, force que l'enfant est très apte à sentir et, par conséquent, à respecter.

Quand, au nom de la discipline, vous faites des observations, il faut éviter de vous adresser perpétuellement à toute la classe pour réprimander : l'enfant innocent est heurté dans l'idée qu'il se fait de la justice; l'enfant coupable ne s'applique pas la remarque qui est pour tous, même pour ceux qui sont raisonnables. Un mot, un regard a souvent bien plus d'éloquence que les longs discours quand il faut sévir. En revanche il ne faut pas ménager les encouragements, voire même les compliments.

Par contre, les félicitations peuvent s'adresser sans inconvénient à toute la classe; c'est une satisfaction pour les bonnes élèves, un encouragement pour les médiocres, une flagellation pour les mauvaises, qui sentent très bien que la maîtresse les oublie volontairement. Rien n'humilie les élèves comme de se sentir une quantité négligeable dont l'institutrice ne fait aucun cas. Nous savons toutes par expérience qu'il y a des enfants qui préfèrent de beaucoup une réprimande à l'indifférence. Celles-là, tenez-les froidement à l'écart, tant qu'elles font mal, mais hâtez-vous de saisir le moment de les encourager quand vous avez remarqué un effort vers le bien.

Il faut aussi que l'enfant comprenne la nécessité de la discipline. Pour cela, faites appel à son intelligence d'abord, puis à son intérêt, montrez-lui le tort que lui fait l'élève indiscipliné : récréation retardée, explications utiles perdues, etc. Si l'élève a bien compris, elle fera la police elle-même.

Ne faites pas exclusivement appel à son cœur; en matière de discipline, les choses nettes et précises valent mieux; d'autant que dire : « Mon enfant, vous m'avez fait de la peine », c'est très grave et cela doit être réservé pour de rares et importantes choses. Il est nécessaire que l'enfant sache que nous l'aimons ou mieux qu'il le sente; mais il ne doit pas croire qu'il a tellement d'empire sur nous qu'il puisse à son gré nous faire du plaisir ou de la peine.

Il est indispensable également, pour obtenir que l'enfant obéisse à la discipline, de lui faire comprendre qu'il est un être libre. Kant l'a dit : ce qui est le plus difficile c'est de concilier la liberté de l'enfant avec la nécessité de la contrainte. Le meilleur moyen, c'est de faire appel au sentiment de la liberté individuelle.

Il est rare qu'une enfant ne comprenne pas ce langage : « Mon enfant, vous êtes libre, libre de ne pas apprendre, libre d'être une mauvaise élève »; tout de suite l'enfant s'étonne. Vous continuez : « mais votre petite compagne, elle aussi, est libre, libre de travailler, libre de profiter de mes conseils, de mes efforts. Or quand vous êtes dissipée, vous attentez à sa liberté; alors la justice intervient sous la forme de la discipline, et vous êtes punie. Mais remarquez que rien ne vous empêche de n'être pas punie. Votre liberté reste donc entière. » Et vous continuez : « De même pour plus tard, comme vous vous êtes trouvée libre de ne rien apprendre, de ne rien faire, la société, qui est libre comme vous, puisqu'elle est formée d'êtres libres, pourra ne rien faire pour vous; elle vous préférera d'autres personnes, au nom même de sa liberté, comme vous êtes, vous, restée un être ignorant et inutile au nom de votre propre liberté. Vous serez inutile aux autres, qui n'auront nul besoin de vous, qui ne vous demanderont ni ne vous donneront rien. »

Et vous pourrez conclure : « La discipline, vous le voyez, est nécessaire à tous; vous devez donc lui obéir, non pas par contrainte, mais par volonté. De cela sortira votre bien et le bien de tous, le bien de votre école, comme plus tard le bien de la société. » On peut être sûr qu'une telle leçon sera comprise.

Pour faire aimer et respecter la discipline, l'institutrice a besoin d'avoir l'humeur égale, afin qu'à certains moments elle ne fasse pas peser la règle lourdement sur les élèves pour paraître l'ignorer à d'autres moments. N'oublions pas, d'ailleurs, que la discipline dans l'école est le premier élément de succès, le premier moyen d'éducation. Combien de maîtres, a-t-on dit, « confondent le bruit et l'agitation avec l'action créatrice »! Il n'est pas possible de faire bien une classe dans le désordre. Les élèves qui ne savent pas écouter ne savent pas travailler, le maître qui ne discipline ni sa volonté, ni son imagination, est un mauvais éducateur; car il ne saurait habituer ses élèves au travail régulier, si nécessaire au développement normal des intelligences. Exigeons donc l'obéissance à la discipline aussi bien dans nos classes qu'au dehors.

Enfin nous devons avoir nous-mêmes l'esprit de discipline, faire en sorte que les enfants sentent cet esprit planer sur elles, que ce soit l'atmosphère ambiante de la maison.

Il n'est pas sans intérêt, d'ailleurs, que l'enfant comprenne que, si vous lui expliquez ce que c'est que la discipline, c'est que la discipline est nécessaire; — qu'il comprenne aussi que vous avez le pouvoir de la lui imposer d'autorité et sans discussion.

Et c'est ainsi qu'en étant toujours semblables à eux-mêmes, et toujours ponctuellement appliqués, les principes de la discipline deviennent des habitudes qui créent à l'enfant une vie de régularité propre à lui rendre plus facile non seulement l'obéissance à l'école mais l'obéissance dans la famille, à l'atelier, propre à lui inspirer l'horreur du désordre et l'amour du devoir.

En résumé, la discipline qui paraît être la négation de la volonté et de la liberté humaines, est le moyen le plus puissant d'éducation de la volonté, puisqu'il faut arriver à ce que la discipline soit délibérée et consentie par l'enfant; — puisque, pour s'y soumettre, il aura « voulu » souvent contre sa nature, contre ses penchants. Plus sa volonté dans la soumission sera forte, plus il aura conscience de sa liberté, et plus cette liberté sera puissante et capable de s'employer pour le bien.

Division des petits.

Dans la plupart des écoles maternelles la division des petits est placée sous la gouverne de la directrice de l'école.

Cette manière de faire se justifie par deux raisons.

La première, celle qui est courante, reconnue, c'est que la directrice a des écritures à faire, qu'elle a besoin de plus d'élasticité dans son programme de classe (en supposant qu'il y a une classe pour les petits au sens scolaire du mot), qu'elle est fréquemment dérangée, soit par la surveillance générale qu'elle doit exercer sur toute son école, soit par la réception des parents. Je ne veux ni discuter, ni apprécier ces raisons; elles sont complexes, elles se justifient plus ou moins, et peuvent se défendre dans une certaine mesure. C'est cette mesure que certaines directrices n'observent pas quand elles abandonnent une partie de leur tâche à la femme de service sous le prétexte que celle-ci fera tout aussi bien.

La seconde raison — celle qui est la bonne, l'excellente pour tous, sans exception, — c'est que la tâche de garder les petits, d'éveiller leur intelligence aux choses de la vie, de créer en leur esprit des habitudes de réflexion et de volonté, en leur cœur des idées de justice et de bonté, est la tâche la plus difficile, la plus délicate qui soit, et qu'on suppose, avec raison, que la directrice a, avec l'expérience, toutes les qualités qui conviennent à ce rôle d'éducatrice, si considérable pour l'avenir de l'enfant.

Quelle doit donc être la préoccupation des directrices qui ont pris pour elles cette partie si ardue de l'éducation des tout petits, et qui l'ont prise surtout — et j'oserai dire seulement — parce que c'est là qu'il y a le plus de peine à prendre, le plus de bien à faire?

La préoccupation unique, constante, c'est d'être « maternelle » dans toute la force de l'acception du mot. Être « maternelle » avec son esprit et son cœur, c'est se substituer à la maman que la pauvreté prive de la joie d'élever son petit; c'est ouvrir très grands ses bras à ces enfants qui gardent encore autour d'eux la chaleur de la caresse maternelle; c'est aussi servir de mère à ceux qui ignorent la douceur des embrassements, parce qu' « on » est las, ou parce qu' « on » n'aime pas [1].

1. *Les petits enfants à l'école.* — « Il est de notoriété absolue que les enfants entre trois et cinq ans n'obtiennent pratiquement aucun avantage intellectuel de l'instruction scolaire. »

Cette opinion, suivie de quelques conseils précis relatifs à l'organisation nouvelle du corps enseignant pour les jeunes enfants, est renfermée dans un mémoire clair et très sympathique de M. Cyril Jackson, inspecteur principal des écoles publiques élémentaires et publié hier par le Conseil d'Education. Il forme une préface et le résumé de rapports de cinq inspec-

C'est donc faire, pour les longues heures de la journée, un foyer familial à tous ces bambins qui viennent à l'école parce que l'école est pour leur famille et pour eux la suprême ressource, parce qu'elle est « la maison ».

Et alors se posent toutes les difficultés qu'on a tant de mal à vaincre : « Comment occuper les chers petits? Comment éviter ces longues stations assises où les pauvrets doivent être « sages comme des images »? Qui mieux que la directrice pourrait les résoudre?

trices qui, pendant environ un an, se sont occupées d'une enquête relative à l'âge d'admission des petits enfants dans les écoles et au cours d'éducation qui leur convient.

Il y a une idée remarquable en ce qui concerne la nouvelle forme d'école. Le memorandum dit :

Aucune instruction formelle ne revient dans toutes ces recommandations, si ce n'est plus de jeu, plus de sommeil, plus de causerie familière, plus de récits et d'observation. Le but de l'école maternelle d'une grande ville est trop souvent de produire des enfants qui, à l'âge de six ans et demi, ont surmonté les difficultés mécaniques du travail de la première étape classique. Ce but devrait être de produire des enfants bien développés physiquement, remplis d'intérêt et de vivacité morale et prêts à saisir les difficultés d'une façon intelligente.

Il semblerait qu'un nouveau type d'école soit nécessaire pour les enfants pauvres. On devrait dissuader les parents aisés d'envoyer les enfants avant cinq ans, tandis que les pauvres, qui sont obligés de le faire, devraient les envoyer à des maternelles plutôt qu'à des enseignantes.

Les méthodes existantes d'enseignement mécanique qu'on suit dans beaucoup d'écoles sont condamnées sans réserve. Il est reconnu, dit M. Jackson, que ce système semble engourdir plutôt qu'éveiller le faible pouvoir d'imagination que possèdent ces petits enfants. « Les enfants disent ce qu'ils croient que le professeur désirerait qu'ils disent. » (*Daily Chronicle*, 26 septembre 1905.)

Les enfants indociles et les enfants désobéissants.

Dire d'un enfant qu'il est docile, c'est dire qu'il écoute, qu'il reçoit facilement une impression, qu'il accepte volontiers un conseil; et cela en raison d'une disposition spéciale de la volonté.

Il n'en est pas de même de l'enfant obéissant; car il y a dans l'obéissance une part beaucoup plus grande de la nature physique même de l'enfant. Il est des enfants qui naissent « sages comme des images » et qui, semblables en cela à « une cire malléable », garderont toutes les empreintes qu'on voudra leur donner, sans même avoir conscience de les avoir reçues; si elles sont bonnes, tant mieux peur eux-mêmes et pour la société. Par conséquent, l'enfant désobéissant l'est également par nature, par tempérament. Il doit, je suppose, rester assis; sans savoir pourquoi, il se lève; mais un signe, un regard lui fait reprendre sa place. Il lui faut ouvrir son livre; il le laisse fermé parce qu'il était occupé à faire autre chose qui lui paraît agréable, sans même qu'il en raisonne; mais qu'on lui en fasse la remarque, le livre est bien vite ouvert. On lui recommande de se taire et le voilà qui bavarde; une mauvaise note le rappelle au silence; il l'accepte, pas content, mais il n'en veut à personne. En réalité il désobéit parce que cela lui est infiniment plus facile que d'obéir; sa mentalité n'est pas en cause. Il y a dans cette question très complexe de la désobéissance trop d'éléments physiques pour qu'on puisse mal augurer d'un enfant désobéissant; il suffit que sa nervosité soit moins excessive, que sa nutrition s'accomplisse mieux, que le milieu familial soit plus heureux pour que, peu à peu, la désobéissance fasse place à la docilité; il suffit même qu'il comprenne mieux l'enseignement de sa classe ou qu'il s'attache à son maître pour que des efforts réitérés de sa volonté le conduisent à une obéissance raisonnée. Mais comme son tempérament ne changera pas du même coup, il est certain qu'il aura des heures pénibles.

Une obéissance raisonnée, volontaire, avons-nous dit, c'est la docilité.

Qu'est-ce donc qu'un élève indocile?

Disons de celui-là, avant que de le définir, qu'il est la plaie d'une classe et qu'il est autrement difficile de rendre docile un élève indocile que de rendre obéissant un enfant désobéissant.

Pour l'élève indocile, rien ne lui plaît, tout lui est antipathique; on fait aujourd'hui la leçon de calcul, c'est celle de géographie qu'il eût aimé à entendre. Le maître parle fort, il lui eût fallu un maître qui parle doucement; le maître parle-t-il doucement, il fait mine de croire que c'est parce qu'il n'ose pas parler fort. C'est l'heure de la lecture : il a préparé son livre et l'a ouvert à la page voulue; le maître indique la page à étudier, et prestement il tourne deux ou trois pages plus loin, et c'est avec une intime satisfaction qu'il verra l'instituteur lui faire la remarque de son inattention. On explique un problème : lui, n'aurait pas trouvé cette manière de faire, mais une autre, — car il est quelquefois intelligent: et loin de chercher à comprendre pourquoi on lui en a indiqué une autre, il s'entête dans son propre raisonnement. Si on explique un texte, il eût trouvé certainement une autre explication, et s'il sent que celle qu'on lui donne est meilleure que la sienne propre, il ne consentira pas à le reconnaître, rien que pour ne pas donner satisfaction à celui qui a fourni l'explication.

Il est perpétuellement en défense, perpétuellement mécontent, rien ne lui fait plaisir ou ne l'attendrit. En somme, qu'est-ce que cet élève? c'est un cabotin qui se crée un rôle à sa taille, il veut à tout prix attirer et retenir l'attention, montrer qu'il n'est pas comme le commun des mortels prêt à subir telle ou telle influence, peut-être parce qu'il se sent incapable de la subir, qu'il se sent inférieur à sa classe et qu'il veut faire croire que s'il ne réussit pas c'est qu'il n'en veut pas prendre la peine. Au fond, croyez-le bien, son apparence de suffisance cache un profond mécontentement de lui-même, et la comédie qu'il joue pour ses condisciples, dont il est le pitre attitré, l'humilie; mais il s'est drapé dans une attitude qui cache souvent sa nullité, et il ne sait comment, quand il en est las, se débarrasser du manteau qu'il s'est mis sur les épaules.

Ici le physique n'est presque pour rien; dans le cas que nous étudions, c'est le caractère qui est malade[1]; c'est l'âme qu'il faudrait soigner; car si cet enfant apparaît faible ou débile, c'est parce qu'il se maintient en un état perpétuel de lutte ou de mécontentement; cet état alors a un contre-

1. *Le surmenage et la déformation du caractère.* — Parmi les sujets observés par le Dr Binswanger, nous trouvons un garçon de douze ans, fils d'une mère indemne de toute tare physiologique et d'un père névrosé. Dès les premières années de l'école, il fut un élève médiocre, de caractère indiscipliné. Au lycée, il suivit la sixième à grand'peine. On lui donna alors des répétiteurs qui l'ensevelirent sous une telle masse de travail qu'en cinquième il resta enlisé dans la catégorie des très mauvais élèves. Alors son caractère, qui avait été enjoué, droit, honnête, se modifia. Il se révéla sournois, *chapardeur*, stupidement farceur. Soupçonné, il mentait sans vergogne et, pris sur le fait, il se découvrait une foule de maux imaginaires : mal de gorge, mal de tête, à seule fin d'apitoyer les uns et les autres.

Le professeur, qui se montra en cela intelligent, diagnostiqua un affaiblissement maladif du sens moral. Sur l'avis du docteur de la famille, le pauvre garçon fut retiré du lycée et placé dans la maison de santé dirigée par le Dr Binswanger.

Traité avec bonté, le jeune lycéen redevint aimable, docile, véridique, et cela si rapidement, que quinze jours après son entrée dans l'établissement, le Dr Binswanger le rendait à ses parents, en les avisant que, pour que son heureux caractère ne se modifiât point à nouveau, il suffirait, à l'avenir, de lui donner une instruction qui n'excédât point ses capacités. (Extrait du *Conseil des femmes.*)

coup fâcheux sur sa santé. Seulement, arrivez jusqu'à son âme, pénétrez-la de clarté, donnez-lui de la volonté, et sa santé refleurira, parce que le caractère se modifiera. Mais, comme il restera quand même un peu cabotin, il faudra l'aider à prendre une attitude nouvelle, — celle de la docilité, — dans laquelle il posera devant ses camarades avec infiniment plus de joie et de satisfaction que dans son attitude primitive. Peu à peu l'attitude voulue se changera en habitude, et l'enfant deviendra un élève docile. Tout est, pour le maître, affaire de volonté, de tact et de patience [1].

L'obéissance.

> « Elle éprouvait ce suprême désir de la volonté que l'obéissance n'assouvit pas en restant passive, et qui s'ingénie à ce que cette dernière prenne une forme active, ressente et exprime du plaisir. »
>
> PAUL HERVIEU.

Faut-il obliger l'enfant à obéir toujours et quand même, alors que sa nature proteste, que tout son être est en révolte contre notre volonté? Est-il meilleur pour l'avenir de l'enfant de briser sa volonté pour lui prouver que dans la vie il faut savoir se courber devant plus fort que soi, devant les circonstances? Est-il au contraire meilleur de laisser cette volonté s'affermir et se développer?

1. Classes enfantines et primaires.

La génération qui précède celle-ci n'aurait pas hésité et aurait répondu « oui » aux deux premières questions; il n'est pas certain qu'elle aurait eu raison. La seconde manière de voir nous paraît plus humaine; elle répond mieux à nos idées actuelles et beaucoup sont prêts à l'adopter.

Faut-il le faire sans examen? Non, assurément. Et dès le moment que nous y réfléchirons, il est à prévoir que nous serons amenés à une conclusion pour ainsi dire mixte, — c'est-à-dire participant de l'une et de l'autre théorie.

Il est bien évident que l'enfant doit obéir, — cela certainement dans son intérêt tant qu'il est petit, — puisqu'il ne sait rien de ce qui est bon ni de ce qui est mauvais, et que c'est par la permission ou la défense portant sur telle ou telle chose qu'il veut faire, qu'il apprendra que cette chose est bonne ou mauvaise pour lui.

Ce point est acquis. Mais toutes les fois qu'il est indifférent pour lui et les autres qu'un enfant fasse ou ne fasse pas une chose, est-ce que nous, nous restons indifférents, est-ce que nous le laissons bien faire ce qui lui plaît? Est-ce que nous ne substituons pas le plus souvent ce qui nous plaît à ce qui lui plaît? Et, dans ce cas, pourquoi obliger l'enfant à obéir? N'y a-t-il pas là un abus de notre force contre sa faiblesse? Ne détruisons-nous pas la somme de volonté ou d'énergie qu'il y avait en lui, et qui ne se retrouvera peut-être ensuite que diminuée, altérée et amoindrie?

Je sais que l'idéal, aussi bien pour les parents que pour les maîtres, c'est d'avoir des enfants obéissants, parce que cela donne moins de mal — du moins en apparence, — car l'enfant qui obéit toujours finit très bien par toujours désobéir quand il cesse de craindre celui qui se faisait obéir.

Il y a donc nécessité de faire obéir les enfants; il n'y a pas moins d'importance à ne pas toujours les contraindre à l'obéissance.

Je prends un exemple sur le vif pour mieux me faire comprendre, — un exemple que j'ai eu sous les yeux au cours des vacances.

Une jeune maman est assise près de moi, dans un endroit ombreux et retiré d'un parc; elle veille avec une attention touchante sur un baby de deux ans environ, — j'ai dit avec une attention touchante, je n'ai pas dit avec une attention nécessaire. — J'aurais préféré que l'enfant fût laissé plus à lui-même puisqu'il ne courait aucun risque; il peut aller, venir, sans danger; l'important est seulement qu'il ne s'éloigne pas. Le baby est délicieux et j'ai le très grand honneur de lui agréer; il vient me sourire, m'emprunte mon ombrelle, etc. Tout à coup, sans cause — pour nous — le bébé ôte son chapeau; la maman, qui le couve des yeux, remet vivement le chapeau; il n'y a pas de soleil; bébé d'un geste brusque le retire... Et plus de vingt fois, sous mes yeux, le geste se renouvelle. Bref, après des objurgations de toute nature, le bébé reçoit un soufflet bien appliqué, et il garde son chapeau. Mais adieu son joli gazouillis d'oiseau; c'est fini de rire et de muser parmi les fleurs; bébé sanglote, et la jeune maman a un visage renfrogné.

Eh bien! était-il nécessaire que ce bébé gardât son chapeau sur la tête? — Non pas! alors pourquoi s'être acharné à le lui faire remettre? Peut-être avait-il mal à la tête. Peut-être ne voulait-il plus pour un moment d'un chapeau qu'il eût repris, sans y penser, quelques instants plus tard! Alors à quoi bon cette lutte? Tout simplement pour le faire obéir. Certes, force devait rester à la loi; mais ce fut grand dommage, croyez-moi, que la loi se montrât en cette affaire. Ne nous acharnons pas à faire céder les enfants, coûte que coûte et sans raison. Laissons-les vivre en liberté toutes les fois que nous le pouvons, obéissons-leur nous-mêmes toutes les fois que leur intérêt ne demande pas que nous leur fassions d'opposition; ainsi leur petite volonté se fortifiera en même temps que, peu à peu, leur raisonnement se formant, ils arriveront à très bien comprendre que, s'il y a des choses pour lesquelles nous ne cédons pas, c'est que ces choses sont contraires à leur bien. Leur obéissance passive ne sera plus une obéissance de révolté qui se courbe devant plus fort que lui, et qui fera, quand l'occasion s'en présentera, payer chèrement à un plus faible ce que lui-même aura enduré.

Ne contredisons pas pour le plaisir de contredire. Faisons en sorte que ce que nous disons soit toujours exact, que nos ordres soient sages, que nos décisions soient logiques. Approchons-nous très près de l'enfant dans nos interprétations des faits et des choses.

Un enfant de cinq ans est très capable de raisonnement — et même beaucoup plus jeune — surtout s'il est élevé avec l'habitude d'une liberté relative. Je dis raisonnement, je ne dis pas travail. Il sera donc possible, et il est facile de l'amener à l'obéissance seule acceptable, l'obéissance réfléchie, consciente, — non pas celle qui raisonne, qui discute, — mais celle qui procède d'un sentiment d'amour et de confiance.

Celle-là seule est humaine et saine. C'est elle qui peut maintenir en joie et en bonne humeur. Ce n'est point par une discipline rigide qu'on doit former les caractères en notre temps; c'est par la persuasion et le don de soi. Seuls des parents très aimés ou des maîtres respectés peuvent faire naître ce sentiment et obtenir ce résultat. Il faut le poursuivre à l'école maternelle, qui doit être une « terre promise » pour nos petits de la classe pauvre.

Tentons-le au moins en y mettant tout notre cœur. L'effort sera fructueux s'il est persévérant, maintenant que la lecture morose n'est plus la grande souveraine et que le « soyez sages » ne sera plus le mot d'ordre.

Punitions.

C'est l'heure du jeu réglé; les frimousses s'éveillent et tout le monde considère avec attention les préparatifs : le passe-boule qu'on installe en équilibre, les balles de couleur qu'on sort de leur boîte. Tout le monde est sage, de cette sagesse que rêvent les institutrices dont les leçons n'ont pas, hélas! l'attrait passionnant d'un jeu de boule.

Les enfants se succèdent un peu au hasard, mais généralement en alternant : un garçon, une fille; ce qui me permet de faire des réflexions intéressantes. Les bambins lèvent la main souvent pour être appelés; et j'entends l'institutrice qui dirige le jeu dire à l'un d'eux : « Toi, un tel, tu n'iras pas jouer, tu n'es pas sage! » J'ai les enfants sous les yeux, je ne les quitte pas du regard depuis le commencement de ma visite, car c'est en suivant le jeu de leur physionomie que je cherche à trouver ce que valent les leçons qu'on leur fait. Aucun de ces petits (il y en a 22 seulement) ne m'a paru se distinguer par plus ou moins d'indiscipline; ils ont tous bougé un peu, et croyez bien que pas un n'a ri; je les ai trouvés *très sages*, — je veux dire très captivés par l'exercice. Qu'a donc fait le pauvre petit qui est si cruellement puni? car c'est une grosse punition que de ne pas bouger de sa place depuis trois quarts d'heure qu'on est assis, et une bien plus grande encore de ne pas aller jeter la balle dans le passe-boule.

A la fin de l'exercice, je demande qu'on me montre le coupable et qu'on me dise quel crime il a commis pour justifier la punition que je trouve dure : « Mais, madame, ce qu'il a fait? Il n'est pas sage, il bouge tout le temps. » Et comme je ne parais pas trouver le crime bien noir, Mme la Directrice, qui veut excuser l'institutrice, ajoute : « Il est léger, il n'a pas d'application » (il a, ne l'oubliez pas, chères lectrices — cinq ans quatre mois, le pauvre!). Et comme je ne semble pas encore suffisamment convaincue, elle complète par ceci : « D'ailleurs, c'est un de ces enfants que nous considérons comme anormaux. » Évidemment... Il est anormal ce petit; il ne veut pas être un soldat de plomb; il n'a pas son siège collé à son banc; il tourne la tête à gauche et à droite, et n'est pas tout yeux et tout oreilles quand on lui a fait une leçon de langage sur la forme et les angles du tableau noir; anormal, le mioche qui n'est pas un petit saint et que deux années d'école maternelle n'ont pas réussi à figer; anormal parce qu'il a dans le fond de son être des besoins obscurs de liberté!

Et comme, malgré ma volonté de rester calme, je m'indigne, j'en appelle à l'institutrice elle-même, qui a des enfants. Je lui demande si elle eût été sévère ainsi pour les siens! Je lui fais remarquer que, si le privilège d'avoir des enfants lui paraît un titre auprès de moi pour obtenir tels avantages déterminés, il me semble que cela lui crée de plus impérieux devoirs d'être mère pour ceux dont elle n'est que l'institutrice.

Je lui demande quels sentiments de justice elle a versés dans cette toute petite âme et si elle ne se sent pas coupable, très coupable d'avoir créé du chagrin. Pourquoi donc ne veut-on pas savoir la douceur de faire de la joie? Pourquoi ne croit-on pas que c'est un des premiers devoirs de l'institutrice maternelle? Faudra-t-il donc le dire, le répéter sans cesse, sans espoir de convertir celles qui ne font qu'un métier?

Ah! si elles étaient vendeuses dans un magasin, quels sourires préparés, quelle voix à inflexions aimables elles sauraient trouver pour convaincre l'acheteuse incrédule ou maussade! Et ils sont là, les pauvres petits, qui, comme des oiseaux, demandent la becquée, tendent leurs petites natures pour qu'on les prépare doucement, et bien, au travail de la vie! et on les punit parce qu'ils sont des enfants et qu'ils ont bougé! — — Triste, triste, croyez-moi!

Et puis ce petit, si vraiment il est anormal (rien ne le révèle, ni dans sa physionomie ni dans son attitude), est-ce une raison pour que l'école maternelle, parce qu'il sera plus malheureux toute sa vie, lui fasse déjà sentir sa disgrâce? ah, qu'elle est peu maternelle notre école et que vraiment il y a des progrès à lui souhaiter et à lui assurer!

Du même jour. J'entre dans une école à l'heure du déjeuner. Une jeune institutrice s'occupe activement des bébés qui sont à table. J'ai le temps de l'observer à mon aise avant qu'elle m'ait vue et mon âme se rassérène. Enfin on est maternelle! Hélas, je fais un mouvement et j'aperçois un pauvre bonhomme qui mange debout sur le lavabo (le marbre a dû instantanément refroidir le déjeuner, et nous sommes en hiver!). Je demande pourquoi l'enfant est là, pourquoi il est ainsi puni. Personne ne peut me renseigner; la punition vient d'en haut; l'ordre a été donné de le faire déjeuner debout (depuis combien de temps est-il debout, le pauvret?). Je m'approche. « Eh bien, mon ami, tu n'as pas été très sage? » Et le petit, complaisamment, comme s'il récitait une phrase apprise, me répond, sans même tourner la tête vers moi : « Non, madame, je n'ai pas été sage. — Qu'est-ce que tu as fait? — Je ne sais pas! »

C'est certain : il ne sait pas. — Alors à quoi bon une punition quelconque? — Et enfin de quel droit en infliger une qui est antihygiénique à tous les points de vue?

Il y a des heures tristes dans l'inspection!

CHAPITRE IX

LE PERSONNEL

Conseils à une directrice. — Premier entretien d'une directrice avec ses adjointes. — Respect dû à l'enfance. — Sursum corda! — Cure de silence. — Cure de sourires. — Nécessité de se surveiller soi-même et de poursuivre son éducation. — Les femmes de service. — Inspections et visites. — Deux opinions. — Les institutrices et la puériculture. — Le livre de chevet des mères.

Conseils à une directrice.

1° *Rapports de la directrice avec les enfants;*

2° *Rapports de la directrice avec les parents.*

Le rôle de la directrice est une sorte de maternité intellectuelle; et, puisque nous nous sommes arrêtés à cette définition, voyons à quels moments et comment peut s'exercer ce rôle.

Ce rôle peut être envisagé sous deux faces :

La directrice se trouve en rapport avec ses élèves dans la vie générale de l'école;

Elle se trouve en rapport avec chacune des enfants pour toute raison qui intéresse la moralité, la discipline ou le travail.

Dans le premier cas, il faut qu'elle prenne

comme axiome que « la crainte est le commencement de la sagesse » ; il faut qu'elle inspire une crainte salutaire; que son titre, son attitude, sa tenue, l'autorité que les enfants sentent en elle, la fassent craindre et respecter.

Pour cela, lorsqu'elle aura à adresser une observation à plusieurs élèves réunies, ou à l'une des élèves d'un groupe, elle s'exprimera nettement, froidement, comme parlant au nom d'une autorité supérieure. Si au contraire elle parle à une seule pour la rappeler au bien, au devoir que celle-ci sente tous les trésors d'abnégation, de tendresse que nous avons pour elle. Bientôt elle nous sera acquise, l'élève qui travaillait mal, sera convaincue de la nécessité du travail; celle qui se laissait aller à des mouvements d'insolence comprendra la supériorité qu'elle peut acquérir par la politesse, et ainsi nous arriverons à ce que chacune de nos enfants soit notre enfant par l'esprit et le cœur.

Mais on peut se trouver en présence de natures exceptionnellement rebelles, il a pu être commis des fautes d'une nature grave; dans ce cas, plus d'interrogations, ni de reproches, ni d'encouragements à mieux faire devant les compagnes. Appelez l'enfant coupable dans votre cabinet; soyez seule à seule avec elle; et quand vous lui aurez exposé sa faute dans toute sa gravité, quand vous lui en aurez démontré toute l'indignité, demandez-lui de vous donner les raisons qu'elle aurait à exposer pour se défendre. Laissez-la parler longuement, abondamment; écoutez-la en silence sans que rien trahisse votre impression; mais qu'elle sente que si vous êtes hostile au mal commis vous n'avez point d'hostilité contre elle; et quand elle aura bien dit tout ce qu'elle pense, tout ce qu'elle sent, soyez mère : faites haïr la faute commise, accepter sans rancœur la punition de la faute, et secouez par l'énergie de votre parole toutes les idées malsaines; montrez la beauté du bien, les joies du devoir accompli; que votre cœur parle au cœur de l'enfant; et jamais, vous m'entendez, jamais un être, si mauvais soit-il, ne vous résistera si vous avez donné beaucoup de vous-même, parce que l'enfant se sentira non seulement aimé mais jugé, et qu'il ne voudra pas perdre une affection qu'il n'avait pas comprise jusque-là, mais dont il sent le prix à la minute où il a cessé de la mériter [1].

Premier entretien d'une directrice d'école avec ses adjointes.

Mesdames,

J'ai toujours considéré que le rôle de l'institutrice n'était autre chose que celui de la mère de famille, c'est-à-dire une sorte de maternité agran-

1. Classes enfantines et primaires.

die, dégagée des soucis immédiats et matériels, mais chargée de la lourde responsabilité de préparer l'avenir.

Tout être naît pour le bonheur. Nous devons donc faire l'enfant heureux dans le présent et diriger son éducation en vue de l'avenir. A cet effet, il faut que nous concentrions tous nos efforts pour développer ses facultés intellectuelles; pour faire en sorte que son esprit soit éclairé, sa volonté ferme, son cœur bon; pour lui faire respecter les lois de l'hygiène et lui préparer un corps sain.

Comme arriver à façonner nos élèves comme nous le souhaitons?

Il faut d'abord, mesdames, que votre exemple démontre à vos élèves que la bonté fait la force; il faut qu'en vous entendant elles comprennent que la douceur est une puissance. Je vous dirai donc : Soyez justes, patientes; faites abnégation de votre humeur et de vos convenances personnelles; soyez indulgentes et tendres, ce qui vous permettra d'être fermes puisque vous ne punirez que rarement. J'ajouterai : Soyez gaies : le rire c'est la santé de l'esprit. Ne craignez pas de compromettre votre dignité en vous montrant, à certains moments de détente, familières avec les enfants; il est meilleur d'entendre les élèves rire que les institutrices gronder. Soyez grandes sœurs et mamans, le plus possible; votre enseignement n'en sera que meilleur et il trouvera mieux l'accès des intelligences. Pour accomplir cette tâche, il faut, non seulement que vous aimiez vos élèves, mais que vous pensiez souvent à la vie qui les attend quand elles nous auront quittées; considérez que l'école sera peut-être la seule source de joie vraie et pure avant l'existence de labeur et de privations qui les attend. Il faut donc que leur séjour parmi nous soit un rayon chaud et lumineux, qui reste dans leur vie pour les vivifier et pour leur montrer le droit chemin, un doux souvenir qui reparaisse pour les moraliser, les consoler plus tard!... Pensez-y, mesdames, quand vous perdez patience, — si justement peut-être, — quand il faut lutter contre des êtres rebelles et quelquefois mauvais; et alors les mots qui pardonnent vous viendront plus facilement aux lèvres; votre cœur se fortifiera pour la lutte; vos bras s'ouvriront maternellement. C'est peut-être une caresse qui a manqué à cet enfant pour valoir les autres, sinon pour être meilleur. Ne vous épouvantez pas quand (le fait est rare heureusement) le cynisme inconscient d'un enfant vous révolte; dites-vous qu'il ne naît pas de monstres moraux, mais qu'il existe des malades; qu'un enfant qui, dès la première heure de sa vie, a souffert de la faim et du froid ne peut être spontanément bon; que la société ne peut rien en attendre qu'après l'avoir dédommagé et avoir redressé sa nature; que c'est vous qui avez le devoir de le ramener à une juste vue des choses et des personnes, et par là à la justice et à la bonté. Ce sont ces déshérités des premiers jours qui peut-être seront le plus accessibles à la reconnaissance et qui vous donneront plus tard un légitime orgueil. Un tel résultat ne vaut-il pas de persévérants efforts?

Je disais plus haut que, comprise ainsi, la tâche est lourde; et il serait plus juste de dire qu'elle est accablante; c'est pourquoi il est nécessaire que chacune de nous, mesdames, y apporte son concours. Vous aurez l'absolue certitude d'être encouragées et soutenues par votre directrice. Nous sommes solidaires du bien à faire, à tenter tout au moins. Je marcherai à votre tête, vous préparant les voies, vous facilitant la tâche, vous couvrant, lorsqu'il y aura lieu, de ma responsabilité. Je vous demande une complète loyauté en toute circonstance et pour toutes questions, un complet dévouement à vos élèves et à votre œuvre avec le ferme espoir de m'assurer votre confiance par une absolue droiture et l'unique souci de l'intérêt général. Ainsi nous nous apprécierons et nous nous estimerons mutuellement, et nous gagnerons le respect et l'affection de nos élèves.

Que la discipline ne vous effraye pas. Il faut qu'elle soit raisonnée et ferme, tout en étant souple et douce; les élèves ne doivent jamais penser qu'elle peut être capricieuse et qu'il leur serait possible de s'y soustraire. La discipline, c'est la règle commune; c'est la loi que nul — ni maîtresses ni élèves — ne doit ignorer ni éluder.

Rapprochons-nous donc, mesdames, les unes des autres, avec le désir d'arriver au but qui nous est proposé : rendre nos enfants heureux et bien portants.

Du respect dû à l'enfant.

Extrait d'une conférence.

Mesdames,

C'est une satisfaction pour moi de constater les efforts que vous faites en vue de la prospérité de notre école.

Notre confiance réciproque, notre commun désir de travailler à l'éducation des enfants, sont de nature à assurer le succès que nous voulons les unes et les autres.

J'apprécie votre zèle et votre dévouement; j'ai pu me rendre compte des progrès accomplis : vous faites votre devoir, comme j'ai la volonté de faire toujours et en toutes choses le mien, et je suis sûre que nous réaliserons le bien que nous poursuivons.

Je vous dirai donc le plus souvent possible ce que je pense qu'il y a à tenter pour marquer un nouveau pas en avant.

Aujourd'hui je désire vous entretenir du respect dû à l'enfant.

Pestalozzi a dit que « l'excellent seulement est bon pour les enfants »; c'est pourquoi je vous prierai, non pas d'instruire mieux vos élèves — ils le sont suffisamment pour leur âge! — mais, de les traiter avec moins de sans-façon, avec plus de « respect ». Une des premières qualités nécessaires à une institutrice pour bien remplir sa tâche d'éducatrice, c'est de *respecter l'enfant.*

Et pour l'accomplir comment faire?

« Il faut aimer l'enfant et que l'enfant vous aime. »

En éducation, dit Mme Pape-Carpantier, la seule boussole qui n'égare pas, c'est l'affection. N'oublions pas que notre royauté est une royauté d'élection, que nous sommes nommées par une autorité que l'enfant ne connaît pas, partant qu'il ne reconnaît pas, et que nous ne serons réellement souveraines que le jour où l'enfant, par affection, nous aura donné l'autorité.

L'enfant dans sa famille est généralement aimé, respecté, parce qu'il y est « quelqu'un ». Voilà le grand point. L'habitude qu'on prend de traiter l'enfant comme une unité abstraite du nombre, fait qu'on omet trop facilement de considérer en lui l'individu, sa personne, et par conséquent qu'on oublie de le respecter. Mais si vous êtes bien convaincues que l'enfant porte en lui ce sentiment profond et sacré de l'individualité en qui germent toutes les forces dont il a besoin pour remplir sa tâche humaine, pour être l'instrument de son propre bonheur, et aider à celui de ses semblables, — si vous êtes bien pénétrées de cette pensée, dis-je, vous aurez pour lui un respect profond.

N'avez-vous pas, comme moi, remarqué que, trop souvent, à la légère, sans en être certaine, on accuse une enfant d'avoir commis une faute? que si l'élève est coupable, on n'a pas toujours assez le souci de la réprimander avec mesure, ni surtout avec le respect qui est dû à un être libre de choisir entre le mal et le bien, — et auquel notre devoir est d'apprendre à choisir ce qu'il convient de faire, à désavouer ce qu'on ne doit pas faire, — de discerner ce qu'il faut s'habituer à aimer ou à éloigner de soi?

Ce n'est pas respecter l'enfant que de lui dire qu'il est paresseux. — Je parle ici des plus petits. Paresseux, lui! Mais sa vie, c'est l'activité! Son travail, c'est le jeu! Faites-lui aimer le travail et vous n'aurez jamais occasion de lui reprocher sa paresse. Un enfant n'est pas paresseux pour faire ce qui lui plaît; rendez-lui donc agréable le travail qui doit lui être utile.

Ce n'est pas le respecter que de l'appeler gourmand, voleur, etc. Ne lui dites pas, quand vous lui voyez entre les mains quelque chose que vous savez notoirement n'être pas à lui : « Où as-tu pris cela? » Mais informez-vous, interrogez-le doucement; faites-lui comprendre que cet objet ne lui ayant pas été donné par la personne à qui il appartient ne peut pas être à lui; reprenez l'objet. Alors pour marquer dans son esprit l'idée juste de la propriété, donnez-lui un rien, une image, par exemple, en disant : « Cette image est à moi; je te la donne : maintenant elle est à toi. » Il apprendra à distinguer ainsi les choses qui sont à lui de celles qui sont à autrui.

Enfin, on dit avec une facilité, une insouciance, un sans-façon déplorables, à un enfant : « Tu mens, tu es un petit menteur. » On souffre que les enfants s'appellent menteurs entre eux, comme si le mensonge était une faute légère! Comme si ce n'était pas la plus grande marque de respect qu'on puisse donner à quelqu'un que de croire en lui!

Prenez garde, mesdames, la défiance engendre souvent la faute soupçonnée; elle semble alors à l'enfant de bonne guerre; son oreille s'habitue au mot; un jour, ce sera son âme qui sera habituée à l'action.

Par un phénomène moral très complexe, la peur qu'on nous soupçonne de tel ou tel sentiment nous procure un malaise égal à celui que nous donnerait ce sentiment lui-même si nous le ressentions. L'enfant rougit de peur de rougir; ne le faisons pas rougir pour « rien »!

Si donc l'enfant a commis une faute légère, réprimandons-le avec respect, parlons-lui avec douceur. Seulement que notre regard, toujours affectueux et bon quand l'enfant a bien fait, perde sa chaleur et sa tendresse en face du coupable!

Si l'enfant est bien cet être aimé et respecté que nous rêvons, il comprendra, il regrettera, il se repentira. Lorsque la faute qu'il a commise sera grandement répréhensible, témoignons-lui discrètement, avec tact, notre mécontentement; ne disons que peu de mots de blâme; mais tout en étant bienveillantes, que ces paroles soient sévères, graves, sans cesser d'être respectueuses; plus nous lui témoignons de respect, plus il aura le regret de perdre notre estime, plus il sentira qu'il avait le devoir de mieux faire.

Enfin plus la faute sera punissable, plus nous devrons l'envisager de haut; si elle a été commise secrètement, que la peine infligée reste secrète; si elle a été publique, que la répression soit publique. Appelons à haute voix le coupable, et faisons-le venir près de nous, de façon que ses camarades le voient, sans toutefois que personne n'entende ce que vous lui dites : que ce soit seulement par l'expression affligée de votre visage et par la douleur de l'enfant que les témoins de la faute aient conscience de sa gravité...

Telles sont, mesdames, les idées générales que

ou qui aime la musique, par exemple, et s'accorde le droit de satisfaire ce goût; enfin une femme qui a un idéal fait à la fois de devoirs familiaux et de besoins intellectuels.

Comment trouver la solution de ce problème? par quel miracle, — une fois trouvée, — la mettre en pratique?

Le premier moyen, qui vous donnera la possibilité de trouver tous les autres, ce sera de le *vouloir*.

Je veux être une bonne mère de famille, je veux être une institutrice dévouée; mais je suis *moi*, et je veux penser pour mon compte; je veux à certaines heures m'isoler pour lire, pour réfléchir, pour satisfaire tel ou tel de mes goûts. Et cela non pas par à-coups, par caprice, mais méthodiquement, mais presque comme on fait de la gymnastique pour s'assouplir les muscles, à des heures déterminées.

Est-ce que ce sera possible toujours? est-ce qu'il n'y aura pas des heures où nous serons submergées, et notre vie que nous aurons essayé de fixer n'ira-t-elle pas à la dérive, emportée par les circonstances? Certes oui, et ce sera à notre honneur.

Penchée sur le berceau du dernier-né, nous oublierons tout ce qui n'est pas lui. Absorbée par une méthode nouvelle pour élever nos petits de l'école maternelle, nous y rêverons presque continuellement jusqu'à ce que nous la possédions. Préoccupée d'un dîner où nous réunirons des parents, des amis, nous négligerons pour un jour telle occupation favorite. Il doit en être ainsi; mais le lendemain pas plus que la veille ne seront semblables à ces jours où l'âme perd un peu de son équilibre, à ces jours de trouble. Sitôt que ce sera possible, nous nous efforcerons de reprendre notre sérénité et nous reviendrons à la manière de vivre que nous avons choisie; nous aurons pour cette manière de vivre un idéal que nous nous efforcerons chaque jour d'approcher de plus en plus.

Donc il faut vouloir, et puis il faut méditer, réfléchir.

Puis-je vous donner quelques moyens pratiques? C'est plus difficile.

Tout ce que je peux vous dire se résume en quelques mots.

Levez-vous de bonne heure, afin d'être toujours maîtresse de votre temps, comme vous devez l'être de vous-même;

N'habitez pas loin de votre école, afin qu'il vous reste plus de temps pour vous-même, afin d'économiser votre santé et votre argent;

Ne vous éternisez pas dans les nettoyages et dans les récurages; ayez des batteries de cuisine qui demandent seulement du soin et de la propreté et non de l'astiquage;

Tracez-vous, par quinzaine au moins, un menu pour vos repas, afin de ne pas perdre chaque jour un temps précieux à penser à ce que vous feriez bien pour votre dîner; en préparant ce menu d'avance, composez-le scientifiquement, c'est-à-dire de telle façon qu'il satisfasse à la fois le besoin qu'on a de la variété dans les aliments et les exigences de la santé;

Vivez très modestement plutôt que de dépasser votre budget; sans cela, adieu la tranquillité et la liberté d'esprit;

Si vous avez des enfants, tant qu'ils n'ont point atteint l'âge de sept ans, ne les mettez pas à table avec vous; faites-les, comme cela se pratique souvent maintenant, dîner à six heures; qu'ils soient couchés avant huit heures, ils s'en trouveront bien et vous encore mieux; quand vous vous mettrez à table en face de votre mari, vous serez tranquille, lui aussi, vous pourrez causer de choses intéressantes, et s'il vous arrive par hasard de dire du mal de votre prochain ou de discuter vivement, vos enfants ne le sauront pas; si votre mari a été fatigué ou agacé dans la journée, ces heures de calme lui feront du bien. Et vous pourrez jouir de son esprit ou lui du vôtre;

Faites-vous une règle de ne jamais parler des choses de l'école en dehors de l'école;

Dépensez-vous pour votre travail mais ménagez

votre santé — cela est plus facile pour les institutrices d'école maternelle qui n'ont pas de devoirs à corriger; — mais au contraire réservez-vous de causer de tout ce qui vous élèvera l'esprit ou le distraira de la tâche quotidienne;

Prenez un temps qui vous appartienne bien pour réfléchir et pour lire;

Lisez des journaux pédagogiques pour vous tenir à la hauteur de vos obligations; lisez des livres sérieux si vous avez la chance de les aimer, mais lisez au besoin des romans sains plutôt que de ne pas lire du tout. Votre esprit doit être assez robuste pour en rejeter tout ce qui est nuisible et n'en tirer que la distraction dont petits et grands ont besoin;

Habillez-vous avec soin, avec le souci de la correction que vous vous devez à vous-même et à votre situation; mais ne vous préoccupez pas de telle ou telle personne qui est plus élégante que vous, car vous perdriez votre bonne humeur;

Bref, appartenez-vous toutes les fois que vous le pourrez; et, pour cela, ne gaspillez ni votre temps, ni votre santé, ni votre argent, ni votre affection;

Ne donnez pas aux petits incidents journaliers plus de valeur qu'ils n'en méritent;

Efforcez-vous de dominer les événements et de ne pas vous laisser dominer par eux.

Si égoïste que puisse paraître cette manière

d'être qui semble exalter la personnalité, l'individualité, un peu au détriment de la collectivité en vous conseillant de penser à vous, à la culture de votre esprit, à la satisfaction de vos goûts, elle est cependant sans danger, si vous aimez la bonté, si vous voulez être bonne. — La bonté s'acquiert. — Aimez les petits, les faibles, les souffreteux; soyez pitoyables aux bêtes et aux plantes.

Tout est affaire d'habitude et d'éducation. Élevez-vous vous-même.

Enfin, n'oubliez jamais que votre dignité réside en vous, — que rien ne saurait vous humilier que ce que vous ferez vous-même pour abaisser votre esprit, — que le devoir accompli en conscience donne une grande force pour voir de haut, et que la vie, quoi qu'on en dise, apportera toujours à un moment donné les satisfactions morales et intellectuelles qu'on en attend..., si on sait la violenter un peu.

Cure de silence.

Je viens d'assister au début d'une après-midi (classe enfantine).

Comme le temps avait été beau, les enfants avaient passé dehors la demi-heure qui précédait la reprise du travail.

Dès qu'ils furent entrés, on les fit chanter

environ 8 à 10 minutes; puis, on les fit réciter, ce qui dura aussi à peu près 10 minutes.

Pendant tout le temps du chant, l'institutrice chanta, et, pendant la récitation commune, elle récita avec ses élèves.

Enfin seulement quand la récitation individuelle eut lieu, les petites bouches eurent le droit de rester closes et l'institutrice souffla un peu.

Mais ce fut peu de temps seulement; car, pour passer à l'exercice suivant, on entonna un nouveau chant!

Et pendant que j'écoutais, mélancoliquement, je pensais aux cures de silence qu'on devrait bien enseigner aux institutrices.

Ces cures de silence sont une invention américaine : le surmenage étant excessif, la vie mondaine violente dans ses excès, il en résulte probablement, pour les dames américaines, la nécessité de parler beaucoup et presque constamment; à un tel régime, la poitrine s'épuise, les nerfs trépident et l'on devient bientôt une pauvre machine détraquée. Un médecin, pour remédier au mal, inventa « les cures de silence ».

Dans un lieu agréable, entourées de toutes les commodités de l'existence, un certain groupe de femmes s'installent, et pendant un laps de temps de 10 ou 15 jours, elles y vivent séparées du monde extérieur *dans un silence absolu*. Elles ne parlent pas; on ne leur parle pas; aucun bruit ne résonne autour d'elles; la vie s'y meut presque automatiquement.

Voilà ce qu'il faudrait à nos institutrices; mais comme il est probable qu'on ne créera jamais à leur usage ces sortes de couvents modern style; qu'il n'est guère vraisemblable non plus qu'elles consentiraient à y vivre s'il en existait, qu'il me soit permis au moins de leur conseiller un peu de songer, — pour elles et pour les enfants qu'elles élèvent, — « aux cures de silence ».

Pour être américaine et originale l'idée n'en est pas moins bonne à retenir.

On parle trop, on fait trop de bruit, on s'agite trop dans nos écoles maternelles. Il faut une juste mesure entre la « sagesse » et l'immobilité qu'on réclame des enfants transformés trop jeunes en écoliers, et l'agitation perpétuelle dans laquelle on pourrait être tenté de verser avec les meilleures intentions du monde.

Il est certain que si l'institutrice qui m'a suggéré ces observations avait pris la peine de réfléchir quelque peu, étant intelligente et de bonne volonté, elle eût trouvé toute seule que des enfants qui avaient joué et crié tout à leur aise dans la cour n'avaient pas besoin de chanter 10 minutes en rentrant; qu'ayant chanté beaucoup après avoir joué, ils devaient être fatigués et que par conséquent une longue récitation devait encore ajouter à leur fatigue; — enfin, qu'elle-même n'étant pas de fer, elle ne pouvait résister éternellement à un métier pareil.

Si vous ajoutez à cela que, dans certaines écoles, on fait encore « taper des pieds » pendant plusieurs minutes avant de se mettre en rang, pendant qu'on défile tout en chantant; puis, sur place avant de rompre le rang; que souvent, à cela s'ajoute le bruit du claquoir, ou celui que fait l'institutrice en frappant dans ses mains le plus fort possible, vous penserez avec moi qu'on doit arriver fatalement à un état d'ahurissement complet.

Et voilà comment, à la fin d'une journée, certaines institutrices sont fatiguées au delà des limites possibles, et les enfants, ivres de bruit, sont surexcités et difficiles.

Pensez aux cures de silence, mesdames; pensez-y pour vous autant que pour les enfants. Et, de temps à autre, offrez-vous le luxe d'en user dans votre classe.

Lorsque les enfants ont bien parlé, bien répondu, quand un exercice les a excités, dites-vous : « Un peu de repos pour moi et pour mes petits. » Et astreignez-les, — et vous avec eux, — à deux ou trois minutes de silence — je ne dis pas d'immobilité — rigoureusement observé. (Avec les tout petits, dites seulement : « Maintenant, faisons semblant de dormir »; et faites-leur poser la tête sur le bras, appuyé sur la table; cela réussit toujours.)

Votre santé s'en trouvera bien, et la leur aussi, croyez-moi.

Cure de sourires.

Après la « cure de silence », la *cure de sourires*.

La première nous était nécessaire au moment des vacances; la seconde nous sera utile plus d'une fois en cours d'année.

Elle est basée sur deux observations, banales à force d'être connues, mais qu'il me faut rappeler pour que vous compreniez bien le pourquoi et les effets de la cure que je préconise.

1° Les émotions conçues dans notre cerveau, éprouvées par notre sensibilité, se transmettent à notre visage, qui prend l'expression des sentiments que nous ressentons. Sommes-nous joyeux : notre visage s'épanouit; sommes-nous tristes : les lignes de notre visage s'abaissent, se transforment et la désolation que nous avons dans l'âme se marque dans nos traits.

2° Un tout petit enfant, s'il voit pleurer, se met à pleurer, eût-il l'âme très joyeuse; s'est-il fait mal, a-t-il du chagrin, nous lui sourions, et son visage s'éclaire.

Si nos pensées intérieures communiquent de la tristesse à notre visage, si, d'autre part, le visage peut communiquer de la joie ou de la tristesse au petit enfant, qui sourit et pleure, suivant que nous sourions ou pleurons, il y a donc un échange mécanique qui se fait du cerveau au visage et du visage au cerveau. De sorte que par la justice immanente des choses, notre visage, qui a subi tant de fois la loi de notre cerveau, lui imposera la sienne à son tour. Et ainsi la marque extérieure et factice de la joie sur le visage créera la joie véritable dans le cerveau et dans le cœur. Telle est la théorie américaine.

Pour égayer les tristes on les traite ainsi : on leur ordonne de sourire à certains moments de la journée ; la grimace du sourire devient une gymnastique d'hygiène morale, le masque prend une physionomie souriante ; peu à peu, lentement, cela passe en habitude, et par un réflexe très explicable, d'après ce que nous avons dit plus haut, les pensées s'égaient, l'âme devient joyeuse ; les désenchantés reprennent goût à la vie, les découragés retrouvent de l'énergie, et la gaieté devient le fond de leur caractère, — cette gaieté qui est la force des esprits bien équilibrés.

Vous avez toutes, mesdames, une tâche très difficile, très irritante parfois ; vous avez de plus, comme tout le monde, des ennuis domestiques, des tracas ; et souvent plusieurs fois par jour des pensées pénibles, les tristesses de votre cœur, viennent marquer leur empreinte malfaisante sur votre visage.

Vous avez repris le cours de vos travaux avec courage; mais, la lutte étant pénible, vous perdez vos forces à les éparpiller sur la route; vous sentez la mauvaise humeur qui engaine de nouveau votre esprit, le chagrin qui envahit votre cerveau; alors, votre visage devient morose, et le bon sourire que vous aviez réappris pendant les vacances s'en va rejoindre les feuilles jaunies qui tourbillonnent au vent.

Souriez, mesdames, hâtez-vous; ne laissez pas l'ennemi vous reprendre, résistez; et si ce n'est pas votre visage, qui, en souriant, communique de la grâce et de la bonne humeur à votre cerveau, que ce soit votre volonté! Souriez à la vie, même quand elle est méchante; faites à mauvais jeu bon visage; cachez soigneusement vos larmes; à vous trouver sans force et sans énergie, la vie s'enhardirait à vous faire souffrir; à vous sentir vulnérable, elle aimerait à mesurer votre faiblesse; à vous croire faibles, vous-mêmes vous avoueriez vaincues.

Relevez la tête, bravez les ennuis, secouez les chagrins, souriez, car vous *devez* être heureuses, car vous *voulez* être heureuses. Et à vous voir si braves, à vous croire si fortes, tout ce qui blesse, tout ce qui heurte dans la vie par l'intermédiaire des méchants, s'éloignera de vous, allant chercher ailleurs des victimes plus faciles ou plus résignées.

Alors, à force de sourire, la joie rentrera dans votre âme, vous serez joyeuses; étant heureuses, vous serez bonnes, compatissantes; et le bien que vous vous serez fait à vous-mêmes se multipliera en bonheur pour les autres.

De la nécessité de se surveiller soi-même et de poursuivre son éducation.

Lorsqu'une institutrice débute dans les écoles (primaires ou maternelles) elle se sent généralement pleine de bonne volonté ; elle a le désir de bien faire, et elle est toute prête à transmettre avec joie le savoir qu'elle a acquis.

Puis le temps passe, les années viennent, le courage s'use, la bonne volonté se décourage quelquefois, la santé s'affaiblit ; on n'est plus bien souvent que la pâle copie de ce qu'on était au temps de ses débuts. Malheureusement, loin d'en avoir conscience, — il n'est pas pour l'intelligence de miroir qui renvoie une fidèle image des lents ravages du temps, — on en a à peine un sentiment vague, et on se console en se disant : « J'ai maintenant l'expérience. »

Avoir acquis de l'expérience n'est pas synonyme

d'avoir, par la force des choses, acquis des années; le croire serait se tromper lourdement et c'est cependant ce que beaucoup sont tout disposés à faire. « J'ai vingt ans d'enseignement, dit-on, j'ai vingt ans de pratique; donc j'ai pour moi l'expérience; je sais ce qui est bon, ce qui est mauvais; depuis vingt ans je fais telle chose, donc elle est bonne; depuis vingt ans je refais cette leçon, donc elle est meilleure et il ne saurait s'y glisser d'erreur. Elle est bien, elle est même parfaite. »

Prenez garde, ne vous trompez pas, ne prenez pas la routine pour l'expérience; vous n'avez, vous n'aurez jamais d'expérience que si vous vous surveillez vous-même chaque jour, que si chaque jour vous refaites lentement, patiemment votre éducation. Le bagage d'instruction qu'on vous a donné à l'école normale ou ailleurs, vous l'emportez avec vous en quittant les bancs de l'école; mais c'est bien un véritable bagage; il est très distinct de vous-même; il ne fait pas corps avec vous. Au cours de la route, pendant votre temps d'enseignement, comment allez-vous vous servir de ces petits colis qu'on vous a placés sur les bras et un peu partout autour de vous? Combien en sèmerez-vous sur votre chemin ou parce que vous les oublierez, ou parce qu'ils vous sembleront trop embarrassants? Nous ne saurions en faire le compte; mais de tout ce que vous avez emporté une grande partie restera en route. Par quoi allez-vous remplacer ce que vous avez perdu? Comment vous y prendrez-vous pour savoir ce qui vous manque?

Il faut chaque jour vous surveiller vous-même; « la jeunesse est présomptueuse, la vieillesse est routinière ».

N'acceptez d'être ni « très jeunes », ni « très vieilles ». Veillez sur vous-mêmes; faites mieux : surveillez-vous; examinez-vous, écoutez-vous, et regardez-vous vivre dans votre classe. Soyez difficiles; soyez pour vous-mêmes un auditeur exigeant; et quand vous aurez pris cette habitude, quand vous saurez mieux que qui que ce soit où est votre point faible, alors vous serez amenées forcément à refaire votre éducation pour vous créer une personnalité, pour être à la hauteur de votre tâche : qui n'avance pas, recule; qui ne se perfectionne pas, s'amoindrit chaque jour; qui se fige dans son savoir ancien devient peu à peu ignorant.

Faire et refaire son éducation, autrement dit apprendre son métier et s'efforcer de mieux comprendre et de mieux utiliser les connaissances acquises aux heures où l'on était écolière, c'est s'assurer une supériorité intellectuelle qui donne la confiance justifiée en soi, la force et la facilité d'accomplir son devoir; c'est devenir ou rester digne d'éduquer les autres; c'est enfin échapper à la routine, cette sœur déchue de l'expérience, qui ne peut vivre dans la société de ceux dont la devise est : « Devoir et Progrès. »

Les femmes de service.

La femme de service est un excellent instrument mis entre les mains du personnel des écoles pour le plus grand bien des enfants.

C'est à dessein que j'emploie ce mot « *instrument* », car la femme de service ne doit être que cela ; elle doit être dirigée et ne doit jamais diriger.

Et elle sera là pour le plus grand bien des enfants, si elle est seulement cet « instrument ».

Or, pour de multiples raisons, la femme de service échappe trop souvent à cette définition, et elle dirige parfois plus qu'elle n'est dirigée : elle est quelquefois plus ancienne que la directrice et que les institutrices dans l'école. Par le fait de cette ancienneté, par la permanence de sa présence, elle a de l'acquis ; elle a la connaissance du quartier, de ses besoins, *comme elle les comprend ;* elle a la confiance des parents, etc. La directrice lui demande des services, les institutrices acceptent qu'elle leur en rende et elles se mettent ainsi, les unes et les autres, dans sa dépendance.

Est-ce pour le bien des enfants, est-ce pour le bien du personnel ? Non, et cela est indiscutable ;

car elle infériorise tout ce qu'elle touche, parce qu'elle est « elle » et non « l'institutrice ».

Et cette constatation n'a rien de blessant pour les femmes de service dont un très grand nombre sont très dévouées et souvent fort intelligentes; mais par leurs fonctions mêmes elles tendent à abaisser le niveau de l'ambiance de l'école et non à l'élever.

C'est la femme de service qui conseillera à telle maman de reprendre son enfant de bonne heure, parce qu'elle saura ainsi plaire à l'institutrice de service; et l'enfant ira jouer dans la rue! C'est elle qui va cogner aux vitres des classes pour prévenir que l'inspectrice est là. C'est elle qui répond avec assurance que Mme X... est à l'école depuis *longtemps*, qu'elle *l'a vue* dans une classe, — alors que Mme X... qu'on a attendue est obligée d'avouer qu'elle arrive, bien qu'elle se présente nu-tête, comme quelqu'un qui était dans la maison et non dehors à l'instant même; c'est elle qui pousse du pied la boule de tricot que l'institutrice vient de laisser tomber dans l'herbe pour que l'inspectrice ne l'aperçoive pas, — peine bien inutile d'ailleurs, etc., etc. Au besoin, c'est elle qui répond pour l'institutrice dont elle s'arroge volontiers les attributions.

Elle représente la directrice absente[1]; elle a

1. Classe de vacances.

conscience qu'elle en est bien plus la représentante que l'institutrice qui est déléguée ; témoin, cette anecdote amusante : Je vais dans une école et je pose plusieurs questions à la jeune fille chargée de la direction de la classe de vacances ; c'est la femme de service qui prend la parole. Je tourne le dos à la femme de service qui opère à son tour un mouvement tournant, et se retrouve en face de moi ; et à l'interrogation : « Vous a-t-on laissé du papier de couleur pour faire du travail manuel? » — question qu'elle ne me laisse pas achever, — elle me fait la réponse que voici, à côté de la demande : « Non ; madame la Directrice trouve que c'est tout à fait inutile de donner du papier et des plumes pour des enfants si jeunes. » Et si la réponse en soi est de bonne pédagogie, elle ne me stupéfie pas moins par le ton plein de dignité avec lequel elle est débitée et l'autorité qu'elle révèle. Évidemment, si c'est l'avis de la directrice, ce n'est pas moins le sien, n'en doutez pas.

Ce dernier cas est seulement amusant ; mais combien sont nuisibles ceux que je cite précédemment !

De tout cela, les enfants souffrent ; car si on a accepté tel ou tel service regrettable de la femme de service, comment faire ensuite pour lui donner les ordres propres à assurer le bien-être des petits?

Et encore, tout ceci n'est pas sans remède : car le personnel peut se ressaisir, et les femmes de service aiment d'ailleurs les enfants de *leur* école, ainsi qu'on en a souvent la preuve par des exemples touchants.

Mais où le rôle de la femme de service qui prend une autorité indue, est néfaste, c'est vis-à-vis des parents. Elle est trop près d'eux pour que souvent ils ne discutent pas ses avis, même quand ils sont bons; ou bien elle est trop « une émanation de l'administration » pour que quelquefois ils ne se soumettent pas sans discussion à ses avis comme à des ordres, alors que ces avis sont nuisibles ou dangereux.

De sorte qu'elle arrive, par la force des choses, à être l'intermédiaire naturel entre les familles et l'autorité.

Qui est-ce qui souffrira de cela? encore les enfants, et aussi le personnel enseignant, qui passe — d'après la femme de service — pour avoir telle idée, tel désir qui ne lui font point honneur.

Il faut absolument que les institutrices réagissent, qu'elles ne laissent pas prendre leur place, qu'elles ne laissent pas admettre qu'elles ont une opinion, parce que la femme de service la répand comme venant d'elles, ou agit en donnant à entendre que ce sont elles qui ont souhaité qu'il en fût ainsi.

Il faut aussi que les directrices veillent sur leurs femmes de service, qu'elles se les attachent, qu'elles leur soient douces, mais qu'elles restent bien maîtresses dans l'école; il n'est pas admissible qu'il existe une autorité à côté de la leur.

Et ainsi, le zèle, le dévouement des femmes de service s'exercera pour le plus grand bien des enfants; mais seulement à ces conditions-là.

Inspections et visites.

Sous le titre : *Une résolution subversive*, un confrère du *Manuel Général* émet cette idée : « Prévenons à l'avance de notre arrivée dans une école : Les bons instituteurs nous montreront ce qu'ils peuvent faire, les mauvais feront mieux que d'habitude et s'amélioreront à leur insu. L'avis de passage des inspecteurs ne peut qu'avoir une bonne influence sur la tenue pédagogique des maîtres et resserrer les liens de confiance et d'affection qui doivent unir chefs et subordonnés. »

Ceci a surtout en vue les tournées d'inspection dans les villages; il me semble que l'inspection « citadine » peut en faire son profit, sous une forme un peu différente mais excellente, parce qu'elle s'appuierait sur des sentiments de justice et de bienveillance.

En premier lieu il faut aller souvent, très souvent dans les écoles, — aller respirer l'air de la maison, se rendre compte de la tenue générale, de l'ensemble des faits qui constituent la vie de l'école et l'accomplissement des devoirs de chacun, — voir si on travaille, si l'hygiène est respectée, si le programme est suivi, si les registres sont bien tenus, si les rentrées se font à l'heure, si le journal de classe est préparé, si Mme X..., est bien à son poste, si Mme Z... ne lit pas — par hasard — son journal, ou ne sommeille pas doucement, etc. A force de respirer souvent « l'air d'une école » on finit par la bien connaître; le jugement se forme, s'établit sur le personnel, sur le directeur, la directrice.

Secondement, Mme X... ou Mme Z... demandent une promotion au choix, ou un avancement, ou une distinction honorifique. Si Mme X... ou Mme Z... méritent, à votre avis, d'arriver à des avantages pécuniaires ou autres avant telle ou telle de leurs collègues, soit sur leur demande, soit de votre propre mouvement, vous décidez de faire une inspection dans leur classe, — inspection qui leur permettra de prouver tout ce qu'il leur est possible de faire, — inspection qui vous retiendra longtemps et que vous devez faire minutieusement. Dans ce cas, vous informerez celle-ci de votre passage à telle date dans sa classe; et après avoir laissé le temps normal pour qu'elle soit en possession de toutes ses facultés, de tous ses moyens d'action, vous ferez une inspection à fond. Ensuite vous pourrez rédiger en connaissance de cause le bulletin d'inspection, qui contiendra, outre les observations que vous aurez faites ce jour-là, toutes les observations se rapportant à « la candidate » que vous aurez faites en « cours de route » dans les visites précédentes, observations dont elle reconnaîtra l'exactitude.

De cette manière on aura réalisé de véritables avantages.

a) Les écoles seront visitées plus souvent, on aura pu y donner de ces conseils généraux si nécessaires et d'une efficacité si grande quand ils sont donnés sur le vif.

b) En venant plus souvent, et en ne s'éternisant pas dans la visite d'une ou de deux classes, le personnel fera mieux au point de vue de ses devoirs quotidiens, puisque, malgré une visite récente, il en attendra une autre dans un temps très proche. Il ne pourra pas se dire après l'inspection : « En voilà pour un an ».

c) Venant plus souvent on verra mieux, on connaîtra mieux le personnel, on l'effraiera moins ; il saura mieux ce qu'on attend de lui, il comprendra mieux les observations qu'on lui adressera, les conseils qu'on lui donnera, puisqu'il n'aura pas la préoccupation de la note qu'on va lui attribuer, puisqu'il sera convenu que l'on ne notera que le jour où l'inspection sera spécialement destinée à l'appréciation nécessaire pour fixer cette note.

d) Enfin, puisqu'il faut faire signer le bulletin d'inspection, on en fera rarement, et par conséquent on apportera moins souvent la perturbation dans l'esprit des maîtres, car le bulletin d'inspection, lorsqu'il n'est pas absolument incolore, fait horriblement souffrir les maîtres consciencieux, à moins qu'il ne soit un cantique de louanges, ce qui est rare. Et cela est logique, car un *bon maître* vis-à-vis de lui-même est celui qui fait consciencieusement son devoir. Si on ne se contente pas de le constater et si on lui dit telle ou telle vérité sur la manière dont il s'exprime, sur l'insuffisance de telle leçon, — insuffisance dont il ne saurait avoir conscience, puisqu'il a fait honnêtement le mieux et le plus qu'il a pu, — ce *bon maître* souffre de ce qu'il considère comme de l'injustice ou de la partialité. Quant au mauvais maître, cela lui est une occasion de faire plus mal que précédemment; on justifie à ses yeux le droit qu'il croit avoir de mal faire puisqu'on le juge mal.

Conclusion. — Inspections nombreuses, rapides; se faire connaître, connaître son personnel, entrer en communion d'idées avec lui, entretenir sa bonne volonté, son courage en lui montrant l'idéal à atteindre.

Inspection rare et longue quand il s'agit de donner une note; mais inspection annoncée à l'avance et qui permet à celui ou à celle qui l'attend de la subir dans les meilleures conditions possibles.

Si au cours des inspections fréquentes et rapides l'instituteur ou l'institutrice a fait une bonne impression, cette impression peut se modifier en bien ou en mal; de même si les impressions de surface ont été mauvaises, une classe bien faite, une étude approfondie des résultats peuvent modifier l'appréciation fâcheuse. De toutes manières, en agissant ainsi et avec tant de moyens de vérification, l'inspection qui devra avoir sur l'avenir de l'instituteur tant d'influence, laissera dans l'esprit de celui qui inspecte une sécurité et une sérénité qu'il est difficile de s'assurer quand on a le souci de l'équité.

Tel est du moins mon sentiment.

A propos de la circulaire du 22 février 1905.

Voici, à quelques jours d'intervalle, deux opinions qu'on a émises devant moi.

Elles sont de deux directrices.

La première : « Madame l'inspectrice, le personnel s'applique à faire ce que vous demandez; mais il ne croit guère à la possibilité de réussir. Si on impose des jeux, si on supprime pour les enfants de trois à cinq ans la lecture, l'écriture et le calcul, les meilleures adjointes d'école maternelle s'en iront à l'école primaire. »

La seconde : « Madame l'inspectrice, je suis entrée à l'école maternelle, parce que c'était pour moi le seul moyen d'arriver à la direction; et si, dès la première heure, je ne me suis pas découragée, c'est que j'aime les enfants et que je voulais m'efforcer de prendre mon mal en patience; mais je gardais le désir ardent de quitter l'école maternelle pour obtenir une direction d'école primaire.

« Aujourd'hui, grâce à vous, grâce à ce que vous dites des enfants, de la grandeur de notre tâche, de tout le bien que nous pouvons faire, et même en raison des efforts que vous nous demandez, j'aime mon école; je vois que ce que nous avons à faire est considérable, et que, comprise comme vous l'entendez, l'éducation des petits est une œuvre d'une haute portée sociale dont toute institutrice doit être fière d'être l'ouvrière, et je ne quitterai plus les écoles maternelles. »

Je garantis l'authenticité des deux déclarations dans l'intégrité de leur sens; et, ce qui en fait toute la valeur, c'est que les deux écoles, par leur organisation et leur vie, répondent bien à l'état d'esprit des deux directrices.

Eh bien! je répondrai à la première des directrices que les « meilleures adjointes » qui, selon son dire, quitteraient l'école maternelle parce qu'on n'y fait plus subir l'enseignement primaire à nos petits, sont pour moi très loin d'être de bonnes adjointes, qu'elles ne quitteront jamais assez vite l'école maternelle, où elles ne peuvent rien faire de bien. Je dirai même sans ironie : en attendant qu'un personnel jeune, ardent, zélé, intelligent et dévoué — et par jeune, je n'entends pas forcément le personnel qui compte peu d'années : sont jeunes pour moi toutes les femmes dont les facultés sont actives, vivantes, dont le cœur est généreux, — en attendant que ce personnel jeune remplace les institutrices maternelles en mal de « primaires », il ne serait pas plus illogique de confier les « maternelles » à de vieux maîtres d'école en retraite qui ne feront pas souffrir les petits; car ils auront peut-être, malgré leurs lunettes et leur abécédaire, la bonhomie souriante des vieux grands-pères, l'indulgence tendre de ceux à qui la vie a appris une longue patience et donné une immuable bonté[1].

1. Beaucoup de directrices et d'institutrices montrent un empressement et un zèle louables pour appliquer la circulaire. Je les en remercie.

Ce que je leur demande de faire paraît d'ailleurs si naturel et si simple qu'une directrice me disait ces jours-ci qu'elle l'a « toujours fait ». Pour la convaincre de son erreur, j'ai dû lui

Faites-le travailler.

« Faites-le travailler, s'il vous plaît. » Telle est la recommandation que font à la directrice les neuf dixièmes des mères de famille conduisant leurs enfants à l'école maternelle ; les autres sont indifférentes, elles ne s'inquiètent de rien ; pourvu que l'enfant soit à l'abri et qu'elles en soient débarrassées, elles sont satisfaites.

Les premières nous intéressent à un point de vue spécial.

Que faut-il répondre? Il est des directrices — en petit nombre, c'est vrai — qui ne se cassent pas la tête pour trouver une formule qui satisfasse à la fois les familles et la vérité sur le rôle de l'école maternelle. Elles disent tout simplement et nettement : « Madame, on nous défend de les faire travailler. » C'est net, comme vous voyez; et si la maman qui a amené son mioche pour *qu'on le fasse travailler* (comprenez : lire, écrire et compter) s'en va mécontente ou du moins complètement déçue, avouez qu'on a fait ce qu'il fallait pour cela, pour créer un malentendu ; je veux

rappeler ce que j'avais constaté dans son école lors de mon inspection de l'an dernier.

Non, ce qui se fait aujourd'hui ne se faisait pas en 1905. La circulaire du 22 février est pour les « maternelles » un véritable bienfait. Courage! Les premiers progrès réalisés sont garants d'autres, prochains et complets.

croire qu'on ne l'a pas créé intentionnellement, mais il certain que la formule répond à l'état d'esprit de certaines institutrices. Pour elles, lire, écrire, et compter, c'est cela, seul, qui est travailler; en dehors de ces exercices, il n'y a rien à faire et elles-mêmes ne tentent rien; leur mentalité et celle des familles sont de même qualité, quant à cette interprétation fausse du règlement.

Bien différentes sont les réponses de la majorité des directrices. A la prière qu'on leur adresse, elles répondent par un « Oui, madame » non moins net que l'aveu d'incapacité de leurs collègues, et non moins véridique. Elles ont compris, celles-là, que faire « travailler » un petit enfant, c'est le faire se développer dans le sens qui est le plus favorable à son évolution physique et mentale, vers un but qui est son bonheur propre, en le rendant par cela même capable de contribuer au bonheur de ses semblables. Elles ont acquis la certitude que la lecture, l'écriture, le calcul sont des instruments de travail trop difficiles à manier, trop lourds pour de petits êtres, et qu'on devra mettre autre chose à leur portée. Elles sont convaincues que c'est graduellement qu'il faut élever les enfants des choses de leur monde à celles du nôtre, comme on dresse les jeunes poulains en leur mettant des entraves de temps à autre pour les habituer doucement et insensiblement au joug.

Les jeux éducatifs sont, à l'école maternelle, des

moyens de travail excellents; leur force d'action sur les petits est très puissante; elle a sa source intarissable dans le besoin de jouer qu'a l'enfant; elle atteint toutes ses facultés. Pour lui, jouer, c'est l'essentiel; c'est à nous de mettre ce besoin au service de son développement physique, intellectuel et moral, d'en faire jaillir toutes les énergies qui sont en lui.

Si vous lui apprenez la précision des gestes, par exemple, en l'appelant à désigner un objet, vous mettez en jeu, en les développant, ses facultés d'attention, le sens de la vue, vous l'habituez à commander à ses muscles.

Le travail manuel est une des meilleures choses à faire entrer dans les moyens d'éducation; quels avantages ne procure-t-il pas?

Ainsi, les directrices qui répondent à la mère de famille : « Oui, madame », celles-là ne les tromperont pas, car implicitement elles diront : « Nous l'habituerons à écouter, à observer, à reconnaître les objets par leur forme, leur son, leur couleur; avec nous, il apprendra à marcher bien droit, à voir ce qu'il regarde, à ne pas casser ce qu'il touche, à ranger ce qu'on lui confie, à ne pas se tacher, à se servir habilement de ses doigts, à porter quelque chose sans le laisser choir, à ne pas aller à droite quand on l'appelle à gauche; il apprendra à parler poliment, doucement, à rire, à chanter, à être bon, doux, serviable, empressé, humain, à être propre, à se bien porter : il apprendra la vie. » N'est-ce pas là ce que l'on peut souhaiter de mieux et pourrait-on souhaiter plus?

Et la directrice sagace qui a répondu *oui* à la demande de la mère de famille peut ajouter : Ne vous inquiétez pas, votre petit est entre nos mains, laissez-le-nous sans crainte; nous le ferons, certes, travailler, non pas selon votre désir irréfléchi, mais selon la méthode maternelle française; nous y mettrons tout notre cœur, car nous l'aimons; nous sommes pour lui d'autres mamans qui savons quel est le « droit » du petit enfant et quel est notre « devoir ».

Faut-il mieux être institutrice d'école primaire ou d'école maternelle?

C'est une question posée et discutée bien souvent, elle n'est pas sur le point d'être résolue, essayons cependant d'apporter quelques éléments nouveaux à la question.

On sait que les heures de service sont beaucoup plus nombreuses dans les écoles maternelles que dans les écoles primaires; cette durée beaucoup plus considérable du temps de présence à prendre sur les moments qui devraient être consacrés soit au repos, soit au soin de la famille, soit au perfectionnement de soi-même, justifierait à elle seule toutes les mesures destinées à favoriser le personnel maternel; mais à côté de cela il est un avantage que les institutrices de ces écoles devraient apprécier. Il est d'ordre pédagogique : voyons en quoi il consiste.

Le succès d'une adjointe d'école primaire un jour d'inspection dépend, en dehors de la valeur propre de l'institutrice, de bien des causes contre lesquelles il lui est difficile de lutter : les élèves sont bien ou mal disposées, une ou plusieurs d'entre les meilleures peuvent n'être pas là; l'an dernier, les enfants suivaient avec aisance le programme, et cette année, d'autres les remplacent, qui sont mentalement inférieures; et pourtant le règlement veut qu'on leur applique le même programme, d'où des variations considérables dans les résultats que peut atteindre la moyenne de la classe : aux questions de l'inspecteur ou de l'inspectrice, les enfants répondent avec un bonheur inégal suivant que le tour d'esprit de l'institutrice est plus ou moins semblable à celui de la personne qui inspecte. Enfin, une bonne institutrice primaire, bien qu'elle ait pour elle l'intelligence et qu'elle ait fait une bonne préparation de classe, peut, malgré ces atouts, ne pas valoir ce qu'elle vaut d'habitude. Pourquoi?

Ce jour-là, sans cause apparente, les enfants sont nerveuses ou mécontentes, ou encore surexcitées par une récréation qui a été trop bruyante, ou engourdies parce que le temps est lourd, etc.

Toutes les institutrices qui font une classe primaire — un cours moyen surtout — savent ce que c'est que de sentir dans leur classe, un jour d'inspection, ce rien insaisissable qui désorganise une classe et désoriente le meilleur professeur.

A l'école maternelle, rien de semblable à craindre pour l'institutrice. Elle dépend surtout d'elle-même, car son auditoire est facile; un mot, un sourire, le ramène; il n'a pas besoin d'être tenu immobile; il ne peut pas — donc on ne le lui demandera pas — paraître toujours *très* intéressé; enfin, les interrogations que l'on fera aux enfants ne seront pas destinées surtout à constater les « progrès ».

La leçon est-elle bien faite, à la portée des enfants, de nature à faire progresser ceux qui sont capables de progrès, elle est tenue pour bonne, car l'institutrice a été jugée sur une discipline et non pas sur des résultats qu'il faut obtenir par quelque procédé que ce soit.

Les avantages personnels la servent : que sa voix ne soit ni rude, ni cassante; qu'elle ait une physionomie aimable, des gestes sans brusquerie; on lui demande de la bonne humeur, de la bonne grâce. Autant de manières d'être qui la différencient d'une collègue et qui doivent tourner à son avantage; à elle de se cultiver, de se surveiller.

Chante-t-elle agréablement? Voilà qui lui est

grandement compté; se sert-elle facilement de la craie pour illustrer joliment une leçon, c'est un nouveau moyen de se faire apprécier.

En fait, l'institutrice maternelle trouve le jour d'une inspection la possibilité de faire valoir ce qu'elle est, non seulement comme institutrice, mais comme femme. Quelle est l'institutrice intelligente et distinguée qui n'appréciera pas de tels avantages qui lui permettront d'assurer son succès suivant son mérite, et sans tous les aléas que comporte la réussite pour une institutrice d'école primaire?

La difficulté d'être : « Institutrice d'École maternelle ».

Le plus grand nombre des institutrices qui abandonnent l'école maternelle pour l'école primaire le font parce qu'elles se sentent incapables de bien remplir une tâche très difficile toujours, mal définie quelquefois, et dont les résultats ne sont pas de ceux qui peuvent matériellement se constater, quant à l'instruction des enfants.

On a pensé que cet exode qui se faisait de l'école maternelle vers l'école primaire tenait à ce que les institutrices étaient pourvues du brevet supérieur et qu'il vaudrait mieux en revenir à ce simple certificat d'aptitude à la direction des écoles maternelles qu'on a rejeté comme insuffisant.

Ce serait une erreur.

Le temps a marché, les brevets sont devenus une nécessité, une sorte d'estampille gouvernementale dont on ne saurait se passer; et s'ils sont incapables de donner du cœur ou l'amour du travail à qui ne l'a pas, ils sont une garantie matérielle d'une grande valeur. L'acquisition du brevet supérieur développe l'intelligence, *a priori*, puisqu'on a plus travaillé pour l'obtenir que pour obtenir un brevet moindre, donc pour le posséder on a eu une culture intellectuelle plus complète. Pourquoi ne pas donner aux tout petits des femmes cultivées et à l'intelligence développée par un travail raisonné? — La besogne est certes plus difficile, plus délicate que celle de l'école primaire; il n'est pas logique d'y souhaiter des esprits de moindre valeur.

Ce n'est pas le brevet supérieur qu'il faut incriminer si l'on quitte l'école maternelle pour l'école primaire.

C'est plutôt faute de « savoir » aimer l'enfant qu'on s'y décide. Il faut donc apprendre à aimer l'enfant : cette fleur de tendresse peut se cultiver, s'épanouir, donner des fruits précieux. Et toutes les institutrices aimeront l'enfance quand on les aura penchées vers la grâce souffrante de ces petits, dont l'aspect quelquefois les repousse, bien qu'il y ait au fond de leur petite âme des trésors qu'il suffirait à des mains délicates de chercher pour les découvrir.

Oui, cela s'apprend, on aime ce que l'on comprend bien, quand ce que l'on comprend est aimable; il faut donc apprendre à connaître l'enfant avant d'enseigner.

Il faut donc que, soit dans des écoles normales spéciales, soit dans un cours spécial en troisième année d'école normale, on se préoccupe d'une culture particulière pour les institutrices qui voudraient bien se destiner aux écoles maternelles.

Celles-là devront lire les pédagogues qui se sont spécialement occupés de l'éducation de l'enfant aussi bien que les poètes qui l'ont chanté. Quand elles auront lu ce qu'on a écrit pour eux; quand l'objet de leurs études comme de leurs méditations sera « l'enfance », elles iront avec cœur, avec intelligence, avec volonté, vers la tâche choisie et bien comprise.

Nous aurons alors une élite, car la tâche étant plus délicate, plus attachante, plus féminine, plus capitale quant aux premiers résultats — la formation du caractère et de la mentalité — cette tâche leur apparaissant comme un apostolat, comme une œuvre digne au plus haut point de leurs soins et de leur dévouement, elles iront à celle-là, résolument et dignement, par devoir parce qu'il y aura du bien à faire, mais aussi par goût parce qu'elle est infiniment plus intéressante.

Et toutes celles qui se sentent le cœur très jeune, qui ont de la tendresse plein les yeux, de la gaîté et de la bonne humeur dans l'âme, celles qui savent rire, chanter, qui dessinent agréablement, qui ont l'imagination attachante, dont les doigts manient facilement l'aiguille ou le crayon, je leur dirai : « Venez à nous, les petits ont besoin du charme de votre sourire, de la douceur de votre chant; vos doigts agiles feront naître sous leurs yeux des fleurs qu'ils reproduiront; vous leur direz des contes que vous illustrerez à mesure que vous les parlerez. Et ce faisant vous ouvrirez tout leur être à la vie. »

Je dirai à celles dont le front grave se penche pour mieux concentrer la pensée : « Venez aussi vers nous; vous chercherez la petite âme de l'enfant, vous pénétrerez dans chacun de ses replis; vous nous direz ce qu'elle est, ce qu'elle réclame pour être vivante et saine; vous nous êtes nécessaires comme vos compagnes, car le meilleur de vous-mêmes sera bientôt la richesse de nos pauvres. »

Et quand nous aurions fait ainsi notre choix, quand toutes celles dont nous avons besoin seraient avec nous, par entraînement, par goût, ou par savoir, alors commenceraient les exercices pratiques; un programme idéal — je ne dis pas théorique — serait élaboré; pour cela, on devrait s'inspirer de ce qui se fait quotidiennement dans les meilleures écoles maternelles, — et j'en sais d'excellentes, de toute première valeur, où l'éducation des sens, de l'esprit d'observation, des facultés naissantes, tient la place prépondérante, le mécanisme de la lecture et de l'écriture étant reculé à son rang.

Chacune s'efforcerait de comprendre ce programme, d'en discerner les raisons; elle s'en pénétrerait pour le bien appliquer et le développer et l'améliorer.

On apprendrait comment on peut faire jouer des enfants; on chercherait quels sont les jeux dans les divers pays, quels sont ceux qui ont leur place chez nous, et parmi eux lesquels sont les préférés des enfants.

On dirait de combien de mouvements rythmés toute leçon, si modeste et si courte soit-elle, doit être coupée.

On se convaincrait que la première œuvre, l'œuvre capitale de l'école maternelle, c'est d'apprendre la propreté; on préparerait donc des journaux de classe modèles, où les mots « inspection de propreté », reparaîtraient à chaque début de jour : — ce serait la prière d'hygiène, prière quotidienne qu'on devrait répéter sans se lasser.

On apprendrait à inventer des histoires qui font rire ou pleurer sans jamais faire trembler, qui laissent une trace heureuse dans l'âme des tout petits.

On y saurait que la lecture et que l'écriture sont choses de valeur inférieure à l'école maternelle, et qu'elles n'y sont prévues, en dernier rang, que parce que les heures sont longues, et que tout en se jouant, en étant heureux, les plus grands de l'école maternelle peuvent commencer une ébauche qui rendra le début plus facile à l'école primaire. On aurait appris ce qu'est véritablement le dessin libre, précieuse ressource et délicieuse distraction; on saurait, que les leçons de choses ne doivent avoir pour objet que des choses connues de l'enfant, que tout, en cet enseignement doit être concret, visible, palpable, puisque la nature du tout petit, essentiellement positive, se refuse à toute abstraction.

Enfin, et c'est sur cette considération que je veux terminer, on aurait appris deux vérités qu'on devrait toujours avoir présentes à la mémoire :

« Jusqu'à six ans l'enfant n'est pas matière scolaire (Pécaut).

« L'école maternelle est une école d'habitudes. »

Dira-t-on que j'ai essayé de tracer ici un programme pour l'école normale? Je n'en ai eu ni l'intention, ni le désir. On ne fait pas un programme de cette importance au pied levé.

Ce que j'ai voulu dire, c'est qu'il serait temps qu'on rendît à l'école maternelle son caractère tel que l'a défini l'instruction annexée au décret du

18 janvier 1887 : « L'école maternelle n'est pas une école au sens ordinaire du mot »; c'est qu'il serait urgent qu'on fît un programme qui fût en harmonie avec l'esprit de cette instruction; — qu'il serait non moins important que l'école normale ne préparât pas seulement des normaliennes pour les écoles primaires proprement dites; — qu'il faudrait que les écoles maternelles ne fussent plus considérées par personne comme des pénitenciers ou comme des écoles d'ordre inférieur, et que les « normaliennes » devinssent en grand nombre des « maternelles ».

Enfin, et je terminerai par ce vœu : Il faudrait — ainsi que le disait un inspecteur d'académie à une inspectrice générale qui visitait sa région — que les institutrices des écoles maternelles fussent rétribuées plus que leurs collègues des écoles primaires; si peu que ce soit cela serait suffisant pour que ces institutrices eussent davantage conscience du prix que l'on attache à l'éducation des petits aussi bien que le sentiment qu'*on sait* toute la difficulté de leur tâche.

Les institutrices et la puériculture.

Le bien qu'on fait parfume l'âme.

J'arrivais à l'heure de la récréation dans une école. Mme X... était de service; elle attendait un bébé dans quelques semaines. Il faisait froid et je fus frappée de l'angoisse et de la lassitude que révélait son visage. Évidemment, Mme X... faisait alors un service au-dessus de ses forces.

Je la suivis dans sa classe. Une chaleur suffocante y régnait, qui n'était bonne ni pour elle ni pour les enfants; je fis ouvrir, et elle me parut mieux après un court moment.

Alors, elle commença à s'occuper des enfants, allant à eux, se baissant pour leur montrer quelque chose, les soulevant pour les mieux asseoir; bref, faisant une série de mouvements vraiment au-dessus de ses forces présentes. Et pendant que, toute peinée, je quittais sa classe, ne voulant pas faire d'inspection chez elle pour ne pas la fatiguer, je pensais à un refuge-ouvroir des femmes enceintes, où toutes les abandonnées, les misérables, trouvent, six semaines avant leur accouchement, un repos absolu. Elles se lèvent chaque matin pour passer une journée tranquille, ne travaillant que si elles le peuvent, si elles le veulent, et n'usant pas leurs forces. Et je songeais à Mme X..., qui, par obligation, s'était, dès le matin, précipitée pour ne pas arriver en retard, etc., etc. Hélas!

Que faire, en attendant qu'une législation plus humaine accorde avant l'arrivée du petit, un temps normal de repos à nos institutrices ainsi que cela se fait, par exemple, dans de grands magasins comme le Louvre?

Que faire, mesdames? mais tout simplement éviter les services les plus fatigants à l'adjointe qui va avoir un bébé.

J'entends toutes celles qui n'ont pas ou pensent n'avoir jamais d'enfants, protester.

Nous sommes, disent-elles, assez fatiguées par notre propre tâche; nous n'avançons pas plus vite; nous ne sommes plus jeunes; n'ayant pas les joies de la famille, nous n'avons pas de raisons pour en accepter les charges.

Eh oui! nous sommes d'accord, tout cela est vrai, très vrai; personne ne le conteste.

Mais, dites-moi? Vous ne passez pas votre vie sans faire quelque bien; vous ne refusez pas un sou à un pauvre; vous prenez des billets de loterie; votre cœur s'émeut souvent à la vue des misères d'autrui.

Eh bien! pensez aussi au pauvre petit qui va naître, malade, faible, parce que sa mère ne se sera pas reposée. Faites quelque charité à cette future maman; assurez-lui un peu de repos : c'est aussi bien que de donner à manger à ceux qui ont faim, car son pauvre corps a faim de repos et le petit qui va naître mourra peut-être faute de ce repos.

Aimez-vous, aidez-vous, mesdames. Oui, vous qui êtes seules, et qui n'avez pas les joies de la famille, soyez encore meilleures que les autres, car les membres de votre famille, ce sont tous les faibles, tous ceux qui souffrent. Faites-vous solidaires des mères; faites sous ce rapport votre éducation sociale : cela vous sera une joie, soyez-en sûres.

Et un jour, quand une jeune maman, votre collègue, toute fière et toute souriante, vous fera admirer son joli bébé, dites-vous : « S'il est beau, s'il est rose, c'est que moi j'ai été un peu sa maman, puisque *avant sa naissance* je le protégeais déjà. »

Et j'ajouterai pour les futures mamans, qu'en attendant qu'on leur fasse leur service, elles peuvent, lorsqu'elles sont encore loin de la période d'arrivée du bébé, demander à faire « d'avance » des gardes et des services; en les espaçant, ce ne sera pas trop fatigant, et vers la fin, elles auront le droit au repos. Je ne peux pas croire que leurs collègues se refusent à cet arrangement.

Le livre de chevet des mères.

Ce livre est *La Puériculture du premier Age*, du professeur Pinard[1].

1. *La Puériculture du premier Age*, par le Dr Pinard, professeur à la Faculté de Médecine de Paris, membre de l'Académie de médecine. Un vol. in-12 de 188 pages, 60 gravures. Prix, 1 fr. 50. Librairie Armand Colin.

C'est une œuvre de science, mais c'est surtout une œuvre de bonté. L'homme de grand savoir qui l'a écrite a fait là acte de piété; il a la religion du tout petit, et il veut que son dieu soit beau, sain, bien portant; il écarte de lui la souffrance, parce que l'être qui souffre ne se développe pas, — parce que, même s'il triomphe des premières souffrances de la vie, il porte toujours en lui les tares des heures douloureuses, — qu'il reste ainsi pour toujours un affaibli, un inférieur, un serf : — serf de son corps débile, serf de ses passions, son esprit et son corps n'étant pas assez solides pour commander à ses nerfs, pour diriger sa volonté.

Les programmes portent que l'enseignement de l'hygiène doit être donné à tous les degrés; la puériculture en est un des chapitres les plus importants; bientôt dans toutes les écoles normales il formera une des parties capitales de l'éducation féminine; et comme M. Henri Monod l'a si bien dit : « en parlant de l'hygiène, il s'agit de vie et de mort; il s'agit, *puisque l'école est l'apprentissage du monde*, d'apprendre de bonne heure aux enfants à éviter les maladies qui corrompent et abrègent la vie, de leur apprendre à les éviter pour eux-mêmes et aussi pour les autres, car nul n'a le droit de nuire à autrui ».

Toutes les institutrices sauront conseiller, encourager les mères de famille, apprendre à leurs élèves[1] ce qu'il faut faire pour que le petit frère ne pleure pas, pour que la petite sœur ne souffre pas. Et quand l'aînée, à la maison, gravement expliquera pourquoi le biberon doit être propre, pourquoi bébé a eu des coliques et ce qu'il faut faire pour qu'il ne soit pas malade, plus d'une mère, réfractaire au conseil du docteur, se laissera convaincre par la pédagogue à cheveux blonds, et sûrement le père, gagné par l'émotion, dira brusquement : « Femme, la petite a raison; c'est son institutrice qui l'a dit, il faut faire ce qu'elle veut. » — Et combien ainsi de chers petits êtres auront la vie joyeuse, qui l'auraient eue misérable, ou que la mort aurait emportés.

L'enseignement scolaire de la puériculture est aujourd'hui créé. Il est inscrit dans le règlement; les inspecteurs d'académie s'en occupent. Partout, en province et à Paris, il a été spontanément accueilli par nombre de directrices, depuis que M. Pinard en a démontré la possibilité. Mais, il faut l'avouer, tout n'est pas encore gagné; et si les chefs de notre enseignement le préconisent il reste encore çà et là des résistances à combattre. La foi soulève les montagnes; toutes les mères, toutes les femmes voudront que les enfants ne quittent pas l'école primaire sans emporter, dans leur bagage scolaire, ce *savoir de vie* qui fera

1. Écoles primaires.

leur âme plus généreuse et plus attentive à la souffrance.

Une élève qui avait suivi les cours de puériculture d'une école que je dirigeais il y a quelques années disait : « Je ne peux pas entendre pleurer un bébé sans penser à M. Pinard. » Penser à M. Pinard, c'était penser à tout ce qu'il avait dit, c'était être prête à se donner, à se dépenser pour le tout petit.

Les luttes, je l'espère, sont finies. On a enfin compris qu'il est nécessaire d'instruire les enfants de nos écoles des devoirs qui leur incomberont plus tard, et que s'il est bien d'en parler en des conférences à des femmes ou à des jeunes filles adultes, il est mieux de s'adresser à l'école primaire aux enfants de douze à quatorze ans, parce que d'une part, celles-là étant les moins fortunées sont, à cause de la pauvreté des familles, presque toujours obligées de s'occuper des tout petits; et aussi — c'est la raison péremptoire — parce qu'on ne les saisira plus une fois qu'elles auront quitté les bancs de l'école. Si elles vont plus tard aux cours du soir, elles y arriveront fatiguées, désintéressées déjà de bien des choses, et elles n'apporteront plus à se pénétrer de cet enseignement toute la généreuse ardeur de leur enfance. En supposant, d'ailleurs, que quelques-unes bénéficient des leçons, ce ne sera jamais qu'un nombre infime. Et les autres, celles qui quittent l'école pour entrer à l'atelier? Qu'aura-t-on fait pour elles? C'est par l'école seule qu'on peut atteindre la masse.

Quant à l'idée d'immoralité qu'on a voulu attacher à cet enseignement, le bon sens a fait justice de cette critique absurde. Il n'y a pas plus d'immoralité à savoir comment il faut tenir, laver, soigner, nourrir un tout petit qu'il n'y en a à le voir apparaître brusquement dans la famille, un jour, alors qu'il n'y était pas la veille; et s'il y a quelque chance que l'enfant ne se pose pas et ne pose pas d'insidieuses questions à la venue d'un nouveau-né, c'est bien en lui inspirant pour ce tout petit une tendresse faite de lumière et de pitié. Lorsque la fillette saura qu'une maladresse, un choc, un manque de soin peuvent être mortels à la petite créature que sa mère lui met dans les bras, son cœur et son imagination seront trop fortement occupés pour qu'il y ait place à des rêveries dangereuses. La science, si modeste soit-elle, conduit à la pureté.

Le livre de M. Pinard montre avec quelle délicatesse on peut tout dire, et combien il faudrait avoir l'esprit mal fait ou mal disposé pour y trouver des mots à interpréter d'une façon malsaine.

Ceci dit, il me reste à faire appel à toutes nos institutrices maternelles, à leur demander de s'unir à moi, dans un même esprit de charité et de maternité, pour faire connaître l'œuvre et le livre du Dr Pinard ; leur volonté de faire le bien suffira pour cela.

Que chacune de celles qui me liront et qui aiment les enfants s'attache à l'idée de faire triompher la cause que je défends, et bientôt l'enseignement scolaire de la puériculture portera tous ses fruits. C'est une fierté pour moi d'avoir été la première à lui ouvrir les portes d'une école primaire.

CHAPITRE X

ÉDUCATION SOCIALE

La solidarité. — Exemples de solidarité. — L'éducation sociale à l'école maternelle. — L'influence du travail manuel. — Le bavardage et le développement intellectuel. — La pitié.

La solidarité.

L'institutrice s'assied à son bureau et fixe bien son petit auditoire.

Toutes les têtes se lèvent : on va entendre une histoire.

« Une petite souris, tout en trottinant dans une cave, trouva un gros morceau de fromage, qu'un petit garçon y avait laissé tomber quand il était descendu à la cave avec sa maman. La maman avait un panier et le petit garçon le lui avait pris des mains pour le porter pendant qu'elle porterait elle-même les bouteilles. C'est en prenant le panier que le morceau de fromage était tombé.

« Que fit la petite souris, en voyant ce morceau de fromage? Elle se mit d'abord à le grignoter, puis, tout en mangeant, elle pensa que sa maman souris et ses petites sœurs souris seraient bien heureuses de manger de ce bon fromage.

« Et elle voulut le traîner jusqu'au trou où elles demeuraient toutes ensemble. Impossible, le morceau était trop lourd. Que faire? Et notre petite souris était désolée, quand deux autres petites souris vinrent à passer.

« La nôtre leur raconta son ennui. Les deux petites, qui étaient complaisantes, lui proposèrent de l'aider, et, à elles trois, en se donnant beaucoup de peine, elles arrivèrent avec le morceau de fromage jusqu'au trou.

« Que fit alors la maman souris? Elle complimenta sa petite fille souris, et elle offrit aimablement aux deux autres petites souris de manger du bon fromage. Ce qu'elles acceptèrent avec plaisir. »

Les enfants ont écouté avec intérêt. Mais, dès que les interrogations commencent, les têtes tournent à gauche et à droite, les pieds font du vacarme sur les barres de bois.

L'histoire était bien dite, élaguée de tout ce qui pouvait encombrer la simplicité du récit, la voix de l'institutrice agréable.

Les éléments de succès étaient donc tels qu'ils devaient être. Et l'histoire a eu du succès. Les enfants l'ont-ils comprise?

« Oui. »

En ont-ils tiré des conclusions morales?

« Peut-être bien que non. »

En tout cas, nous l'ignorons et les interrogations ne peuvent guère nous éclairer.

Mais il faut, à l'école maternelle, savoir semer. Le temps de la récolte ne vient que plus tard.

Ce qui m'a plu aussi dans ce conte, qui tenait lieu de leçon de morale, c'est que justement on n'a pas insisté sur le côté moral. On aurait pu dire : « Voyez comme la petite souris a été gentille de penser à sa maman. Voyez comme les deux petites qui ont aidé ont été complaisantes. »

L'enfant trouve seul de bonnes réflexions. Elles sont souvent plus justes que nous le croyons. Et à vouloir développer à fond une question, nous risquons de l'ennuyer, de lui faire perdre le fil de ses idées et le bénéfice de ce qu'il a entendu. Disons-lui clairement les choses qu'il comprend, donnons-lui les éléments qui peuvent éclairer sa petite intelligence, — et il conclura de lui-même.

L'éducation sociale à l'école maternelle.

De grands efforts sont faits sur certains points en vue de l'application de la circulaire du 22 février 1905, et les succès y sont marqués. Pourquoi donc y a-t-il encore des dissidents?

C'est pitié vraiment de voir des enfants qui se tiennent à peine debout être considérés comme des écoliers et assujettis prématurément à une discipline rigoureuse qui effraie ces pauvres petits, qui empêche le rire d'éclore sur les lèvres, qui éloigne la joie, la bonne humeur, qui referme des cœurs déjà entr'ouverts, qui paralyse tout élan, toute spontanéité! C'est pitié de voir des enfants, qui sont l'activité même, condamnés à demeurer immobiles comme des soldats sous les armes, pour écouter une leçon en forme, pour lire, pour écrire! Car on en est encore là dans nombre d'écoles; c'est difficile à croire, mais je l'ai vu!

Remarquez la contradiction entre ce qui est et ce qui devait être si chacun s'y prêtait!

Nous voulons former des personnalités armées pour la vie, et nous nous appliquons à les écraser dès la plus tendre enfance! Nous voulons des êtres qui sachent vivre librement et nous obligeons l'enfant à obéir toujours! On ne lui laisse jamais le droit de vouloir et d'agir à sa guise! Qu'est-ce que cela pourtant pourrait nous faire dès le moment qu'il n'y aurait aucun danger pour lui?

Mais nous tenons à imposer notre volonté et c'est ainsi que, tout petit, l'enfant se résigne à être et à rester passif, à n'agir que sur un ordre, à manquer de confiance en lui et en les autres, à n'être qu'une machine, — à moins qu'il ne se révolte contre toute règle et qu'il ne prenne la haine de l'autorité : — le maître c'est l'ennemi! —

Alors, peut-être plus tard sera-t-il tenté de faire souffrir à d'autres ce qu'il aura souffert lui-même! On récolte ce que l'on sème.

J'ai proposé au personnel de ma circonscription de traiter le sujet suivant en 1906.

L'éducation sociale est possible dès l'école maternelle? Que faire pour la tenter?

Comment peut-on, par exemple, amener les enfants à s'entr'aider, à se vouloir du bien, à se soutenir, à se protéger, à s'aimer?

Comment donner à un enfant l'idée de ramasser un objet (mouchoir, fichu, béret, cuiller, etc.) qu'un camarade a laissé tomber, et à le lui remettre gentiment?

Comment peut-on lui donner l'idée de ramasser le crayon ou le livre de la maîtresse pour le lui présenter poliment?

Comment peut-on lui suggérer l'idée d'agir de même chez lui : par exemple, d'aller chercher la canne ou le chapeau de son père et le lui tendre au moment où il en a besoin? etc., etc.

Comment amener les enfants à être polis, empressés, prévenants, obligeants, désireux de bien faire?

Comment leur apprendre la bonté, la tolérance, la charité, la justice, les devoirs envers autrui, le sentiment de solidarité, — toujours par des leçons pratiques?

En somme, que faire pour que le tout petit

s'intéresse peu à peu à des choses qui ne lui sont pas directement personnelles et immédiatement profitables, pour qu'il donne quelque chose de lui à l'école et à la maison, dans sa petite vie sociale; — pour qu'il se rende utile aux autres, pour qu'il comprenne et qu'il pratique la bonté, la solidarité?

Citer des faits particuliers, le plus possible d'exemples, — tous ceux que l'on connaît.

Comment, d'autre part, faire comprendre à un enfant qu'il ne doit pas se mouiller les pieds, marcher dans le ruisseau, se dévêtir, parce qu'il compromet sa santé; et que, s'il est malade, il fera souffrir sa mère qu'il privera de sommeil et de repos et inquiétera, — sans parler du danger qu'il y aura pour lui à être malade!

J'ai reçu d'excellentes réponses à ces questions et je renvoie mes lecteurs à l'*École maternelle* année 1906, où elles ont pour la plupart été publiées.

L'influence du travail manuel.

L'éducation sociale doit commencer dès l'école maternelle.

D'ailleurs, que nous nous y employions ou non, elle se fait, puisque c'est là que l'enfant prend véritablement contact avec la collectivité; c'est là que, pour la première fois, il a conscience des sensations qui le tirent de son individualité et lui démontrent qu'il a à compter avec l'espèce.

C'est une vérité courante, et que nul ne discute plus, que les premières impressions de l'enfance sont ineffaçables; il importe donc qu'elles soient salutaires et bienfaisantes, qu'elles impriment dans l'âme des traces indélébiles de sentiments généreux, de désirs de bienfaisance, de générosité, de bonté, de tendances vers le bien, vers le beau.

Tout ce qui se fait à l'école maternelle devrait avoir cet objectif, et il nous faut rechercher de préférence les exercices qui conduisent plus particulièrement vers le but à atteindre : intéresser l'enfant pour lui-même, l'intéresser hors de lui-même; lui apprendre ce qui est bien, essayer de le rendre sensible à ce qui est beau, ou du moins à ce qui a de la grâce ou un charme quelconque.

Un des exercices qui paraissent particulièrement favorables à l'éclosion de ces sentiments, c'est celui du travail manuel.

Chaque jour ma conviction sur ce point s'affirme. Outre les avantages que je relatais dans un précédent article à propos du travail manuel, d'autres, chaque jour, m'apparaissent.

Voici deux cas que j'ai relevés récemment.

I

Je suis depuis quelques instants dans une classe, et mes yeux s'arrêtent sur un enfant. Sa carrure massive, sa taille supérieure à celle de ses camarades, me font demander s'il est bien dans la classe qui lui convient, car ses genoux touchent la table comme s'ils voulaient la soulever. — « Non », me répond-on; seulement il est trop désagréable, *il empêche de travailler les grands*; alors on le laisse dans la petite classe.

On distribue les objets pour le travail manuel, et les enfants font une tulipe en papier devant moi. Ils s'en acquittent tous presque bien.

Je suis des yeux l'enfant qui me préoccupe; il a fini l'un des premiers, ce qui n'est pas étonnant puisqu'il est plus âgé que ses camarades. Les pétales de sa fleur sont froissés avec grâce et bien disposés; il la contemple d'abord avec dévotion; puis d'un geste élégant, — comme seuls en ont les enfants, — il élève la fleur un peu au-dessus de ses yeux pour la mieux contempler, gracieuse dans son balancement; il lui sourit, la ramène alors vers son visage et respire avec délices un parfum imaginaire.

Ce lourdaud, cet être soi-disant insupportable, qu'on repousse, est sensible à la beauté; il a de l'imagination. Et par là, voyez que de possibilités pour le bien! Comme il ferait bon de sauver ce malheureux! Le chemin de son cœur n'est pas impossible à trouver!

Les enfants qui ont le mieux fait apportent leur fleur à « Mme l'inspectrice ». J'appelle près de moi — c'est juste — le rebelle, pour qu'il me présente son travail; ses yeux s'illuminent de joie et de bonheur; il arrive triomphant. La directrice l'arrête au passage! « Toi, tu sais, je te surveille. » Et à cette parole sévère, le bon sourire de l'enfant s'éteint! Et moi, comme j'ai mal!

Cependant je me fais douce et encourageante. J'admire la belle fleur; je demande à l'enfant s'il tient à la garder, ou s'il veut me la donner. Il a un moment d'hésitation; ses yeux vont de mon visage à la fleur. Puis tout bas, presque honteux, il dit : « *J'aime mieux la garder.* » Quelle misère cela révèle! comme ce pauvre petit, qui ne sait pas donner, a dû avoir peu de choses à lui! A-t-il même jamais eu rien qui lui appartienne complètement, qui ait été son bien? Et comme nous sommes près, là, de la jalousie qu'il aura peut-être un jour contre ceux qui possèdent quelque chose!

Aujourd'hui la fleur qu'il a faite — et qu'on lui a laissée, j'espère, sur ma prière — lui a fait connaître la joie de posséder et la douceur d'admirer; demain, sinon demain, dans quelques jours peut-être, il apprendra, grâce à elle, la joie de donner!

II

Dans une autre école, le travail manuel commence, on a distribué à chaque enfant des bouts de papier taillés avec soin et préparés à l'avance. On doit, avec ces morceaux, faire une maison. Et l'on chante : « Chacun sa maison selon sa façon », etc., etc. La première phrase, que chaque enfant connaît bien, est le refrain.

Et voilà tous les petits doigts agiles ou maladroits qui vont, viennent, tournent et retournent les petits papiers avec des mouvements jolis qui me font m'extasier « tout bas ».

Quelques visages se ferment sur une expression d'effort visible : c'est que, pour ceux-là, la difficulté est grande. D'autres s'épanouissent : la difficulté n'existe pas pour leur habileté, ils sont déjà passés maîtres en leur art. Et ce qui m'intéresse et m'attache, c'est la modulation du chant, qui s'élève et s'abaisse, suivant que peu ou beaucoup d'enfants sont distraits de chanter par l'application qu'ils déploient à bien faire. Au refrain qui est dans tous les souvenirs et sort des petites bouches sans qu'on y songe, tous repartent en chœur et le son s'élève sonore et vibrant. On n'a plus besoin de chercher les paroles qui viennent toutes seules aux lèvres.

Et pendant que j'examine, attentive et charmée, ce petit monde qui s'épanouit dans un travail facile et agréable, je vois une blonde fillette se déranger de sa place; elle a aperçu de loin, et avant moi, un miochon qui pleure. Sans demander de permission, avec cette aisance d'allure qui ne crée pas le désordre et qui permet à la personnalité de se former, l'enfant, libre dans sa classe, se dérange, va vers le bonhomme éploré et, à un geste interrogatif de son institutrice, elle répond : « Il ne sait pas faire sa maison. » Sans attendre plus, et seulement parce que cela est naturel, elle s'assied près de lui, et délicatement elle fabrique devant le marmot émerveillé « la maison », la fameuse maison. Le marmot sourit à travers ses larmes, et moi je voudrais bien embrasser la chère fillette; mais je me garde d'attirer son attention. Elle va reprendre sa place.

Elle a exercé son rôle de consolatrice dans toute sa grâce et son ingénuité.

Est-ce que cette leçon n'a pas été une bonne, une excellente leçon? est-ce qu'elle n'a pas fait éclore quelque joie et quelques bons sentiments dans l'âme des chers petits? Est-ce que vous ne voyez pas qu'il y a eu là une leçon de solidarité, et que la société un jour bénéficiera d'un tel élan de cœur, qui se renouvellera et entraînera la masse vers le bien!

Le bavardage et le développement intellectuel.

J'entendais, il y a quelque temps, prononcer les paroles que voici par un pédagogue distingué : « Mes élèves étaient tellement médiocres qu'ils n'avaient pas la force de réagir contre moi. »

D'autre part, des maîtresses me disent, en me signalant des enfants indisciplinés : « Il n'y a rien à en faire; et cependant si *elle* voulait! » sous-entendu plein d'affirmation favorable de la valeur intellectuelle d'une fillette.

Avec ces deux appréciations de nature si différente au premier abord, nous arrivons à une conclusion identique : « Voilà des élèves médiocres, donc dociles! Voilà des enfants indisciplinés, donc intelligents! »

Malgré tout le respect que je professe, et pour les pédagogues, et pour les maîtres qui font *indiscipline* synonyme d'*intelligence*, je m'inscris en faux contre cette conclusion.

Sans doute, il y a des élèves très intelligents qui sont indisciplinés; il y a des élèves très médiocres qui sont très disciplinés; parce que tout leur est indifférent ou tout leur est fatigue. D'accord.

Mais ce qui est bien plus certain, c'est qu'un

élève d'une intelligence au-dessus de la moyenne est discipliné et ne réagit contre son maître que lorsque celui-ci veut lui faire avaler un savoir indigeste; que l'élève vraiment intelligent suit sa classe, s'y intéresse et ne songe pas à faire les mille farces de goût plus ou moins douteux qui réjouissent les cancres d'une classe; — qu'un élève indocile, turbulent ou tapageur est un élève qui n'a pas la possession de soi-même, pas le respect du travail de ses condisciples, qui ne comprend rien — il y a des exceptions et j'en ai vu — à ce qu'on dit en classe, et, pour cette raison, n'ayant souci ni de ses camarades, ni de son maître ni de lui-même, il se laisse aller à ses propres impressions et bouleverse une classe. N'ayant pas l'intelligence voulue pour qu'on le remarque et qu'on le compte pour d'autres raisons, son seul plaisir est qu'on s'occupe de lui, est de retenir l'attention du maître et des élèves par ses réponses ou ses pitreries. Avant tout l'élève indiscipliné veut attirer et retenir l'attention.

Revenons à notre sujet.

Les observations que j'ai faites m'ont démontré que si les élèves dociles n'étaient pas toujours les plus intelligents, ils formaient cette moyenne excellente qui s'intéresse à la classe, en vit, et la fait vivre; il y a, en plus, l'élément remarquable formé par des enfants particulièrement doués qui donnent à la classe une sorte de rayonnement, et rendent la tâche douce et heureuse pour le maître. Si ces élèves sont, comme je l'ai toujours vu, dociles, quoi qu'on en dise, ils entraînent cette moyenne dont je parlais plus haut, et le tout forme un ensemble excellent.

Dans une telle classe, les élèves qui sont soi-disant très intelligents ou qui le sont véritablement, et qui se plaisent à déranger tout le monde par leurs facéties ou leurs boutades, rentrent bien vite dans l'ombre; ils se désintéressent de la classe ou ils la suivent péniblement, et on n'en parle plus, jusqu'au jour où par une nouvelle disposition subite, due à la versatilité de leur caractère, ils se décident à entrer dans la phalange des élèves travailleurs, s'y mettent de bon cœur et oublient que leur objectif était le désordre ou farce à outrance.

Bien peu demeurent en arrière et consentent à briguer l'honneur de rester le pitre attitré de la classe, ou la demoiselle « qui se moque pas mal de ce que dit l'institutrice » et qui « le fait bien voir ».

Pour corroborer ces observations en voici d'autres à l'appui, prises au hasard.

Je suis en omnibus; à ma droite, se trouvent placées deux enfants appartenant certainement à une famille aisée; elles ont sept et neuf ans à peu près; de temps à autre, elles échangent quelques mots, un sourire furtif éclaire par moments leur physionomie intelligente; mais elles ne bavardent pas sans cesse ; et cependant elles ont une maman dont l'indulgence, sinon la faiblesse, est sans bornes, et qui, malgré sa bonne éducation, ne leur imposerait pas silence — à moins que leur bavardage ne prenne une proportion exagérée et inconvenante.

A une station, la voiture s'arrête et une autre maman monte avec sa famille, dont une petite fille d'une dizaine d'années, à la figure point sotte, mais dont la tenue, l'attitude, indiquent un milieu bien différent de celui de mes petites voisines. A peine entrée et assise, elle se met à causer, à poser des questions plus insignifiantes les unes que les autres; les mots coulent de ses lèvres comme d'une source jamais tarie, et, pour celle-là, il est vrai de dire que les mots lui amènent des idées, mais que jamais elle ne pense ou ne paraît penser pour dire les mots qu'elle prononce. La maman l'écoute, résignée, hausse les épaules quand elle n'a plus la force de répondre même par un monosyllabe. Eh bien, il n'y a pas à hésiter : cette enfant est certainement d'un développement mental normal, — car elle a dit des choses insignifiantes mais point de bêtises, et elle les a nettement prononcées, — mais bien inférieur au développement intellectuel des deux fillettes qui sont près de moi.

Et qu'on ne m'accuse pas de m'être laissé séduire par les minois charmants des deux petites sœurs; mon cœur va à ceux qui souffrent ou à ceux pour qui je voudrais quelque bien; mais là, la différence sociale accusait, chez les enfants que je considérais, des marques d'éducation qui avaient développé beaucoup les unes et très peu l'autre.

J'arrive donc seulement à la conclusion qui m'intéresse : le bavardage est pour moi une preuve d'insuffisance intellectuelle et j'en avais la preuve une fois de plus.

Prenons des fillettes plus grandes, conduisons-les en promenade. Les voici arrivées au but de cette promenade; les unes jouent comme des folles, crient, sautent comme des enfants — qu'elles sont encore heureusement; — les autres ont continué leur sempiternel bavardage, qui n'a pas cessé depuis la sortie de l'école.

Là, l'éducation est pour quelque chose évidemment; on s'est bien tenu parce qu'on est bien élevé. Mais combien plus se sont bien tenues parce qu'elles sont dociles aux conseils! Tenez pour certain que le premier bataillon qui joue, saute et s'amuse après s'être tenu raisonnablement et *sans bavarder*, est de beaucoup supérieur intellectuellement à celui des élèves dont le stupide bavardage n'a pas cessé.

Enfin, pour terminer par un dernier exemple : une enfant d'une classe supérieure bavarde sans cesse; elle est cependant très intelligente; elle tient presque toujours la tête de sa classe; quand elle perd sa place de première c'est que la rédaction est entrée en ligne de compte; ses copies ne sont pas nulles — nous avons dit qu'elle était intelligente, c'est-à-dire apte à comprendre et à s'assimiler ce qu'on dit; — mais elle ne pense pas ou ses pensées manquent de profondeur; donc elle bavarde parce qu'elle n'a qu'une intelligence en surface.

La conclusion pour l'école maternelle, c'est qu'il faut occuper les enfants à l'aide de jouets, de cubes, de dominos, du dessin libre, etc.; qu'il faut trouver mille moyens de les rendre actifs tout en leur laissant de la liberté, de l'initiative, aux heures où ils ne sont pas assujettis à une occupation fixe, afin qu'ils ne prennent pas l'habitude de bavarder; un enfant occupé est presque toujours silencieux.

La pitié.

« Alors que chacun de vous ne connaît que son droit, j'ai inventé le droit des autres, et je l'appelle mon devoir!

« J'ai inventé la pitié, moi homme, que Dieu ne connaît pas, et ma folie est de vouloir la lui apprendre! Relativité purement humaine, sentiment joli, mais étroit, qui serait indigne de Dieu parce qu'il stériliserait l'univers; la pitié est née de moi seul, création de la créature que je suis, mensonge dont j'ai fait une vérité, puisque je la sens, chimère dont je fais une réalité, puisque je l'applique! »

EDMOND HARAUCOURT.

Je venais d'achever la lecture de ces lignes et mon esprit restait attaché à ce mot de « pitié » : tout naturellement, par force, par habitude de métier, j'associais ce mot au nom d'école maternelle, et je me demandais ce que nous tentions pour faire naître la pitié en ces âmes des tout petits qu'on nous confie.

Je ne pensais pas à cette pitié quelque peu brutale qui s'exerce presque indépendamment de nous-mêmes, et que créent la vue d'une atroce misère, le tableau de victimes atteintes par une catastrophe, de ces choses lourdes et grosses qui tombent sur l'humanité presque avec fracas et qui réclament notre pitié à grand renfort d'émotions.

Non, je pensais à celle qui doit naître doucement en nous, s'y épanouir parce que nous aimons, parce que nous avons le respect de la vie, la volonté de faire de la joie, l'amour du sourire et du bonheur.

C'est cette pitié-là qu'il faudrait apprendre aux enfants, aux tout petits; c'est à ouvrir leurs cœurs aux émotions douces qu'il faudrait s'appliquer : de ces émotions douces découleraient naturellement la bonté et la pitié.

Et comment? Il me paraît que l'amour des fleurs, des oiseaux — ces fleurs ailées, — des chiens, des chats, des ânes, des chevaux — c'est à dessein que j'énumère, — est fait pour donner naissance à cette pitié qui veut la joie et la beauté.

Quand, dans votre classe, vos élèves auront admiré la délicatesse d'une fleur, quand vous les aurez fait s'approcher pour respirer son parfum, quand vous les aurez réjouis de ces couleurs éclatantes, auront-ils le courage de la fouler aux pieds? Peut-être, — si vous ne prenez pas soin de retenir leur attention fugitive.

Mais si, alors qu'ils sont captifs du charme de la fleur que vous leur avez fait considérer, — ayant eu, vous, pour manier la fleur, de jolis gestes, pour en parler des inflexions harmonieuses de voix :

Si vous savez leur montrer la vie dans cette fleur, si vous leur dites : « Voyez comme elle est fraîche, comme elle est éclatante, il ne faut pas y toucher, car ses pétales se flétriraient; il faut qu'elle reste belle longtemps; pour cela nous allons lui donner de l'eau dans laquelle elle rafraîchira sa tige »;

Si, quand la fleur s'est fanée, vous leur montrez la tristesse qui se dégage de la tige affaissée, des pétales décolorés;

Si vous semblez la plaindre et ne vous en séparer qu'à regret;

Croyez bien qu'une émotion douce naîtra en ces tout petits et qu'ils connaîtront la pitié.

Avec le printemps viennent les nids; intéressez-les à ceux qui se construisent dans les arbres de la cour de l'école; faites-leur jeter du pain aux oiseaux; recommandez-leur de ne pas les effaroucher; et peu à peu ils s'habitueront à aimer leur chant, à se rendre compte que ce qu'ils font doit les rendre heureux : aimer, rendre heureux, n'est-ce pas devenir incapables de faire souffrir et de laisser souffrir?

Non seulement dites-leur qu'il ne faut pas frapper un chien; mais habituez-les à s'intéresser à la douceur de ses yeux, au corps qui fléchit et se tend vers nous pour la caresse; montrez le regard qui s'attriste quand nous parlons rudement; dites combien il est douloureux d'entendre la plainte d'un animal qui souffre, et la pitié naîtra tout naturellement.

De même pour l'âne, le cheval, etc.: vous expliquerez qu'ils aiment, qu'ils s'attachent à leur maître quand il est bon, qu'ils sont heureux d'une caresse, d'une parole douce et qu'ils souffrent quand nous les traitons durement.

Mais surtout, n'essayez pas d'éveiller la pitié par cette raison que les animaux rendent service : vous en troubleriez la source pure; vous en fausseriez le sentiment, puisque vous la changeriez en un devoir.

La pitié est supérieure au devoir.

Les fleurs, les oiseaux, les animaux domestiques sont les camarades des enfants ; ces petits les aiment sans le savoir. Rendez leur amour clairvoyant; faites-leur sentir d'abord qu'il est en eux; fortifiez-le ensuite par la pitié; faites en sorte qu'il s'enracine profondément, car l'égoïsme, au cours des années, tendra malheureusement à le faire disparaître.

Faites-leur remarquer, à ces petits, que les larmes enlaidissent parce qu'elles sont l'expression d'une souffrance :

Montrez-leur qu'une figure riante est agréable à regarder, parce que celui qui sourit est ou paraît heureux;

Faites-leur saisir que les cris sont laids, tandis que le bruit du rire est joli, — qu'il ne faut donc pas faire crier, pas faire pleurer, parce que l'on fait mal;

Qu'il faut être bon, très tendre, très caressant, parce qu'ainsi on fait sourire et on fait du bien.

Enfin, pour éveiller leur pitié, ne leur racontez

pas des histoires banales, sottes; n'éveillez pas en eux les émotions faciles, afin que, plus tard, ils soient moins accessibles à l'effet des romans larmoyants, afin qu'ils aient horreur de ces refrains, de ces dictons ou formules populaires, dont la bêtise va jusqu'à l'odieux.

Tout cela sera de la bonne éducation sociale, — de l'éducation démocratique.

L'âme d'un tout petit, c'est quelque chose de fragile, de délicat; n'ouvrez donc en elle la source de pitié que pour ce qui est délicatesse, faiblesse, beauté, tendresse et joie!

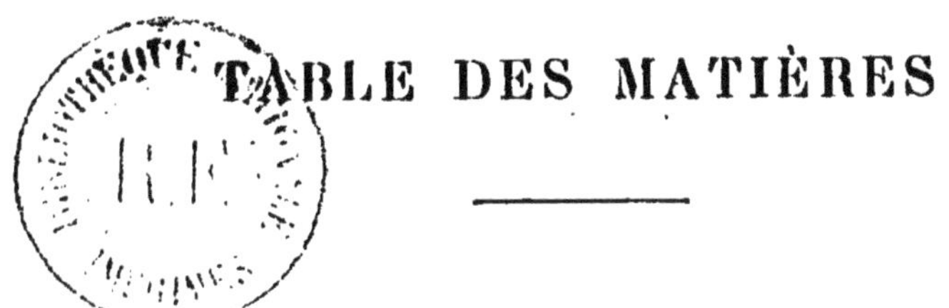

TABLE DES MATIÈRES

AVERTISSEMENT V

CHAPITRE I. — **L'École heureuse** 1

Tu gagneras ton pain à la sueur de ton front. . . . 1
L'enfant a droit au bonheur. 6
L'école en plein air. 11
La décoration fleurie des écoles maternelles. 15
Protection due à l'enfance 17

CHAPITRE II. — **Hygiène** 22

Mouchoirs en papier 22
Les bains-douches à l'école maternelle. 32
La marche au pas et l'hygiène 38
L'asphyxie à l'école maternelle. 42
Le sommeil. 43

CHAPITRE III. — **Alimentation**. 45

Les cantines scolaires. — Nécessité d'une bonne alimentation 45
Importance de la bonne alimentation. 46
La nourriture doit être appropriée à l'âge. 47
Les directrices ont un rôle à jouer dans la question. 48
Le « restaurant » des petits. 49
Une nappe de famille. 53
Le lait. 54
Institutrices et municipalités. 55
Le goûter. 56
Les sacrifices du Conseil municipal de Paris. 59
La surveillance du déjeuner des enfants. 61
La nurse. 64

Le menu des écoles maternelles du XIXe arrondissement 68

Chapitre IV. — **Le sectionnement** 71

Application de la circulaire du 22 février 1905 . . . 71
Classement parallèle 78
L'âge des enfants 82
Encore le classement 87
Comment on peut appliquer la circulaire du 22 février 1905 93
Le déjeuner et la récréation 98
Le service de midi 100
L'après-midi 102

Chapitre V. — **L'enseignement** 108

Les programmes primaires 108
Chaque jour est un tout 112
Le travail manuel à l'école maternelle 116
Comment on fait un nœud 121
Les pauvres petits pieds 124
L'enseignement à l'école maternelle et à l'école primaire 128
Leçon de choses 132
Leçon de choses. Exercice d'observation. Exercice de langage 137
La lecture à l'école maternelle 145
La mémoire. — La récitation 151
L'histoire à l'école maternelle 155
L'art à l'école 158
La danse à l'école maternelle 162

Chapitre VI. — **La préparation de la classe** 167

Journal de classe 167
L'inspection et le journal de classe 170
Extrait d'une conférence sur la préparation de la classe 176
Le sabotage 183

Chapitre VII. — **Le jeu** 189

Les jouets et les jeux à l'école maternelle 189
Le jeu et la discipline 194
Travail et jeu 198

Chapitre VII. — **La discipline** 203
De la discipline et des moyens propres à obtenir la discipline 203
Division des petits. 209
Les enfants indociles et les enfants désobéissants. . 212
L'obéissance 216
Punitions. 221

Chapitre IX. — **Le personnel**. 226
Conseils à une directrice 226
Premier entretien d'une directrice d'école avec ses adjointes. 228
Du respect dû à l'enfant 232
Sursum corda!. 237
Cure de silence. 245
Cure de sourires 249
De la nécessité de se surveiller soi-même et de poursuivre son éducation. 252
Les femmes de service 255
Inspections et visites. 259
A propos de la circulaire du 22 février 1905. 263
Faites-le travailler 266
Faut-il mieux être institutrice d'école primaire ou d'école maternelle 269
La difficulté d'être « institutrice d'école maternelle ». 272
Les institutrices et la puériculture 278
Le livre de chevet des mères. 281

Chapitre X. — **Éducation sociale** 287
La solidarité. 287
L'éducation sociale à l'école maternelle. 289
L'influence du travail manuel. 292
Le bavardage et le développement intellectuel . . . 298
La pitié 304

38-08. — Coulommiers. Imp. Paul BRODARD. — 3-08.

Documents manquants (pages, cahiers...)

NF Z 43-120-13

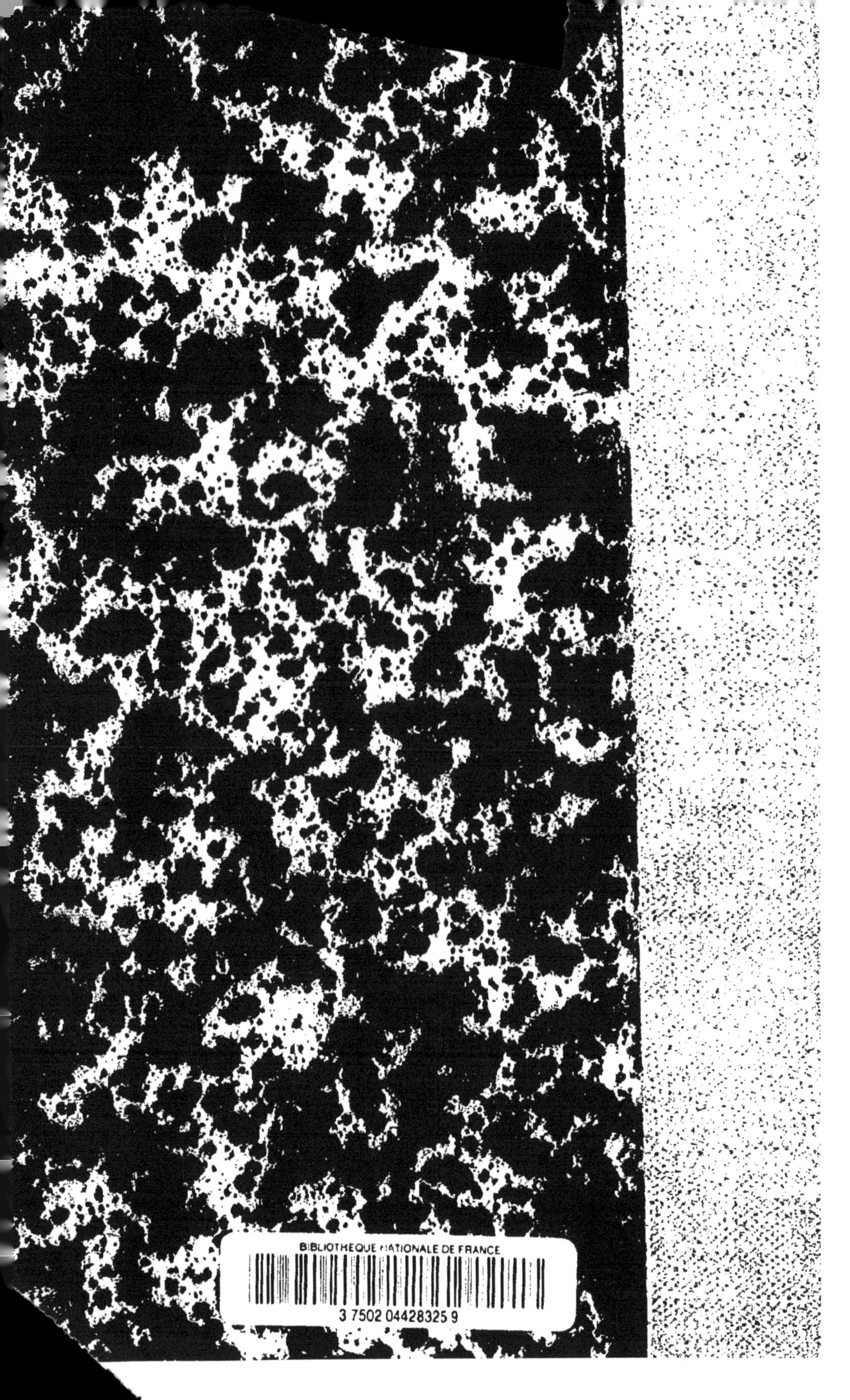
BIBLIOTHEQUE NATIONALE DE FRANCE
3 7502 04428325 9

www.ingramcontent.com/pod-product-compliance
Ingram Content Group UK Ltd.
Pitfield, Milton Keynes, MK11 3LW, UK
UKHW020104200726
13856UKWH00002B/368